Günter Bendias · Friedhelm Messow

Die schönsten Radtouren
rund um Stuttgart

Günter Bendias · Friedhelm Messow

Die schönsten
Radtouren
rund um
STUTTGART

2., überarbeitete Auflage 1995
© Copyright 1994 by Bielefelder Verlagsanstalt GmbH & Co. KG,
Richard Kaselowsky, Bielefeld
Alle Rechte vorbehalten. Nachdruck, auch auszugsweise, sowie
fotomechanische Wiedergabe nur mit Genehmigung des Verlages.
Titelgestaltung: Rainer Schotte
Titelfoto/Fotos: Transglobe, Hamburg; publica, Stuttgart/
Bendias, Aalen; Messow, Kupferzell
Kartographie: Birgit Wulbrandt
Herstellung: Klingenberg Buchkunst Leipzig
ISBN: 3-87073-115-X

Inhalt

Einleitung

Radfahren in Stuttgart – nicht immer einfach, aber reizvoll

Radfahren in und um Stuttgart, das ist zweifellos etwas anderes als in Münster, Bremen, Hannover, Erlangen oder Rosenheim. Dort ist es weitgehend eben, oder die Stadtoberen haben das Radeln in gewisser Weise gefördert.

Stuttgarter Radfahrer hatten und haben da mehr Widerstand zu überwinden: physischen in Form mancher Anstiege, die um die 200 Höhenmeter betragen, und psychischen, weil erst eine kleine Minderheit davon überzeugt ist, mit dem Fahrrad auch hier das ideale Verkehrsmittel zu haben.

Wir selbst rechnen uns zwar zu den Alltags- oder „Immer-und-überallhin-Radlern", sind als langjährige Tourenleiter aber dem Freizeitvergnügen Radfahren ebensosehr zugetan. Um dieses geht es in dem vorliegenden Buch. Doch wir hoffen auch, Sie geben uns einmal – nach ein paar Touren hieraus – recht, wenn wir behaupten: Ein Fahrrad ist viel zu schön, um es nur am Wochenende oder an lauen Sommerabenden zu bewegen.

Zugegeben, die Kessellage, die ausgeprägte **Topographie** Stuttgarts können wir nicht wegzaubern. Sie hat aber auch Vorzüge, vor allem wenn Sie ein sehr bergtaugliches Rad besitzen: stets sportliche Herausforderung, oben prompter Lohn, wenn Sie einen weiten Ausblick genießen oder sich auf eine lange Abfahrt freuen können. – Nun besteht unsere Tourensammlung nicht nur aus dem Auf und Ab am Rand des Stuttgarter Kessels. Dazu gehen Sie am besten zum ADFC, zur jährlichen Tour „Stuttgart alpin", die stets großen Zuspruch findet. Wir haben Touren aufgeschrieben, die abwechslungsreichen Flußtälern folgen, unterschiedlich naturnahe oder voll kultivierte Landschaften zeigen und in viele alte, oft sehr junggebliebene Städte leiten.

Daß sich insbesondere im Neckartal zwischen Plochingen und der nordöstlichen Stadtgrenze der baden-württembergischen Landeshauptstadt beinahe durchgehende Bebauung und jede

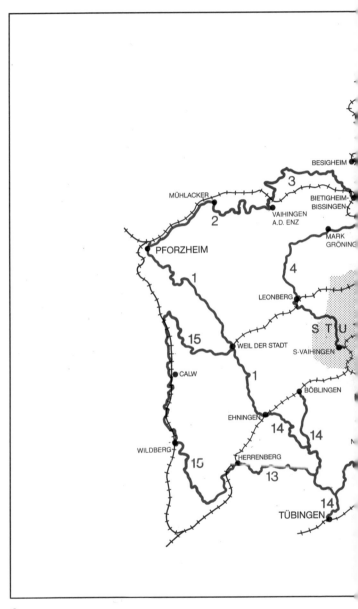

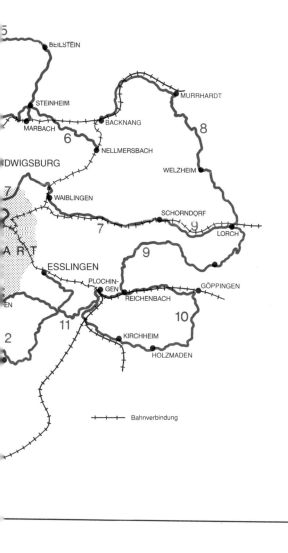

HEILBRONN

BEILSTEIN

STEINHEIM
MARBACH
BACKNANG
MURRHARDT

6

NELLMERSBACH

8

DWIGSBURG

WELZHEIM

WAIBLINGEN

7

SCHORNDORF

9

LORCH

A R T

ESSLINGEN

9

PLOCHIN-
GEN

GÖPPINGEN

REICHENBACH

EN

10

11

2

KIRCHHEIM

HOLZMADEN

+ + + + Bahnverbindung

Menge Gewerbe- und Industriebetriebe breitgemacht haben, läßt sich nicht leugnen. Handelt es sich doch um die Hauptschlagader des schwäbischen Wohlstandes. Nicht viel in dieser Hinsicht unterscheidet sich mittlerweile die Filderebene südlich von Stuttgart vom Neckar-, unteren Fils- oder auch Remstal. Doch dafür sind wir alle mit verantwortlich, müssen jetzt unsere Erholungsansprüche in den „Nischen" der dichtbesiedelten Landschaft befriedigen.

Radeln wir von zu Hause los, dann wird bei der Durchquerung verschiedener Stadtteile Stuttgarts deutlich, wo noch für Radfahrer Verbesserungen nötig sind. Bei unseren Recherchen fiel uns auch auf, was man alles mit unaufwendigen Maßnahmen wie einer guten Wegweisung, der Öffnung einiger Einbahnstraßen in Gegenrichtung für den Fahrradverkehr und sicherer Überquerung von Hauptstraßen machen kann. Wenn Sie einmal auf unangenehme „Radlerschikanen" stoßen, scheuen Sie sich bitte nicht, beim jeweiligen Landkreis oder in der Gemeindeverwaltung Ihre *Verbesserungsvorschläge* anzubringen. Andere werde es Ihnen sicher danken.

Das von Millionen Menschen bewohnte Gebiet zwischen Pforzheim, Heilbronn, Murrhardt, Lorch, Göppingen, Tübingen, Calw einschließlich der Stadt Stuttgart mit ihren vier Nachbarkreisen Ludwigsburg, Rems-Murr, Esslingen und Böblingen besteht nicht nur aus Siedlungen. Zu immerhin drei **Naturparks** – Schönbuch, Schwäbisch-Fränkischer Wald und Stromberg-Heuchelberg – dürfen wir Sie leiten. Viel Wald wächst dort, an manchen Stellen sich selbst überlassen, Bannwald, seit langem nicht mehr genutzt.

Sonst aber ist die Landschaft durchgehend kultiviert: an den Hängen über Neckar, Rems, Enz, Murr und Bottwar Weinberge, auf den Gauflächen um Herrenberg, Leonberg oder Ludwigsburg fruchtbare Felder. Wo die Keuperberge bei Gerlingen, in Stuttgart-Feuerbach oder -Süd, vom Neckar zum Schurwald ansteigen, konnten viele Streuobstwiesen erhalten werden. Meist von steilen Wegen durchzogen, fordern sie Radler heraus, verwöhnen uns wohl auch einmal mit aufgelesenen Früchten.

Zu all diesen Mosaiksteinen der **vielgestaltigen Landschaft** um Stuttgart wollen wir Sie führen. Insgesamt etwa 700 Kilometer auf meist verkehrsarmen Sträßchen, oft auch reinen Radwegen oder Wirtschaftswegen sind beschrieben. Selbst die scheinbar nur für Autofahrer erreichbaren Ziele Schwarzwald und Alb oder Albvorland sind mit dem Fahrrad gut an einem Tag zu erschließen.

Viele der 15 vorgeschlagenen Touren lassen sich miteinander verknüpfen. So kommen Sie zu zwei, drei Tagen voller Erlebnisse, wenn Sie unterwegs übernachten. Rundtouren haben wir indes nicht vorgesehen. Der **Umweltverbund** Bahn mit Fahrrad ist so gut, daß man vom alten Modell „Rad aufs Auto bis zum Wanderparkplatz, runter vom Dach, zwei Stunden Pedalwirbel durch den Wald" getrost Abschied nehmen kann.

Um möglichst **vielen Ansprüchen** gerecht zu werden, haben wir unterschiedlich lange Routen zusammengestellt. Und selbst wenn unterwegs die Kraft nachläßt oder miserables Wetter früher nach Hause treibt, können Sie meist problemlos abkürzen oder abbrechen. Ein Bahnhof mit S-Bahn-Halt oder Eilzug, Nahverkehrszug oder Interregio ist selten weiter weg als rund eine Stunde per Rad. Gegenüber einer Anfahrt mit dem Pkw sind Sie dann in jedem Fall unabhängiger. Eine andere Variationsmöglichkeit sind die zahlreichen von uns bewußt vorgesehenen *Stationen:* Museen, historische Stadtbilder, Weinlehrpfade, Rasten auf einer Wiese am Fluß oder ein Dorffest. Mit dem Wissen, daß auch eine Stunde später ein Zug oder eine S-Bahn wieder nach Hause fährt, können Sie sich das leicht leisten.

Bleibt uns noch eine Bitte: Im März 1995 haben wir alle Touren, Öffnungszeiten oder Zugfolgen überprüft. Wenn sich seither etwas Wichtiges geändert hat, teilen Sie es bitte dem Verlag mit.

Fahrrad

Geeignet ist jedes Rad mit nicht zu schmalen *Reifen.* Ohne Gangschaltung dürften sich nur sehr zähe Radfahrer auf Dauer mit Freude um Stuttgart bewegen. Mit 3, 5 oder 7 *Gängen* kommen Sie aber überall leicht hin. Selbst bei den längsten und hügeligsten Vorschlägen in den Schwarzwald und durch den Schwäbischen Wald (Tour 15 und Tour 8) brauchen Sie nicht unbedingt ein „Bike" mit 21 oder mehr Gängen. Die Bremsen sollten allerdings bei jedem Rad, gleich wie alt und benutzt, sehr gut gewartet sein. Und ein *Helm* kann nur nützen.

Zahnradbahn, S-Bahn und Eisenbahn

Bereits mehr als 10 Jahre verhilft die traditionsreiche *Zahnradbahn* auch Radlern mühelos von Stuttgart-Süd nach Degerloch. 200 Höhenmeter in wenigen Minuten erleichtern den Entschluß und tatsächlichen Start zu einer Tour über die Fildern erheblich.

Das im Verkehrsverbund Stuttgart organisierte Netz von 6 *S-Bahnlinien* wird zur Zeit im Halbstunden- und Einstunden-Takt bedient. Die Endbahnhöfe sind Herrenberg, der Flughafen – für Radler von Belang hierbei Leinfelden-Echterdingen –, Plochingen, Schorndorf, Backnang, Marbach am Neckar, Bietigheim und Weil der Stadt.

Nahverkehrs-, Eil- und zum Teil *Interregiozüge* der Deutschen Bahnen verkehren auf den Strecken nach Mühlacker – Pforzheim, Heilbronn, Murrhardt, Schorndorf – Aalen, Göppingen – Ulm, Reutlingen – Tübingen, auch von Pforzheim durch das Nagoldtal nach Eutingen im Gäu. Wenn Sie in kleinen Gruppen unterwegs sind, gibt es in der Regel kein Problem, alle Räder gleichzeitig in einem Eilzug auch ohne Gepäckwagen unterzubringen.

Für den *Interregio* mit gerade 8 Fahrradplätzen je Zug sollten Sie schon ein paar Tage vorher einen Platz für Ihr „Stahlroß" reservieren (erhöhter Mitnahmepreis). Kurzentschlossene können mit, solange noch Platz ist.

Auch in S-Bahnzügen kann das *Platzangebot* schnell an seine Grenzen stoßen, wenn viele gleichzeitig eine ähnliche Idee hatten. „Entzerren" Sie dann einfach den Ansturm, indem Sie zum Schluß der Tour in Schorndorf, Waiblingen, Herrenberg oder Esslingen noch eine halbe oder ganze Stunde spazieren gehen.

Ausschlußzeiten werktags im Berufsverkehr, Mo bis Fr 6.00–8.30 Uhr und 16.00–18.30 Uhr, in der S-Bahn sind klar. Samstags, sonntags und an Feiertagen dürfen Sie indes immer mit Rädern mitfahren, solange – siehe oben – noch Platz ist.

Innerhalb des Verbundraumes gelten besondere *Tarife*. Mit dem Rad oder als Gruppe fahren Sie dann besonders günstig – eine VVS-Tagesnetzkarte gibt es für bis zu 4 Erwachsene, und 1 Fahrrad fährt zum gleichen Preis mit wie 1 Kind.

Wegweisung, Orientierung, Abkürzungen

Wenn etwas seit Jahren zuverlässig mit Wegweisern versehen ist, haben wir uns darauf beschränkt, auf den Namen der Route zu verweisen. Unklare Wegführungen bei mehrfachem Abbiegen wollen wir Ihnen erleichtern, indem wir auch etliche Straßennamen angeben. Dennoch kann es vorkommen, daß Wegweiser verloren gehen. Wir empfehlen daher, die *Kartenskizzen* als Orientierungshilfe mitzubenutzen.

Die von uns verwendeten **Abkürzungen** sind auch auf Karten üblich: LVA = Landesvermessungsamt, SAV = Schwäbischer Albverein, TK = Topographische Karte, WW = Wanderweg, ND = Naturdenkmal, NSG = Naturschutzgebiet, LSG = Landschaftsschutzgebiet, AT = Aussichtsturm, zusätzlich IR = Interregiozug.

Einkehr, Rasten, Baden

Auf Zeitangaben haben wir verzichtet, weil jede Gruppe ein anderes Tempo fährt. Halten Sie sich am besten an die *Schwierigkeitsangaben*, die für ganz normale Radlerinnen und Radler gedacht sind, die nicht mehrere tausend Kilometer im Jahr im sportlichen Stil fahren.

Gasthäuser haben wir nur dann erwähnt, wenn sie uns besonders typisch, besuchenswert oder auch als einzige Möglichkeit zur Einkehr weit und breit erscheinen. Mit etwas Vesper und einer gefüllten Trinkflasche am Rad dürften Sie bei keiner der Touren je Hunger oder Durst leiden: Orte zur Einkehr liegen genug entlang der Strecke. – *Bademöglichkeiten* in Stau- oder Baggerseen finden Sie im Welzheimer Wald und im Remstal. Sonst verweisen wir öfters auf Hallen-, Frei- oder „Erlebnis"-Bäder.

Wir danken allen, die dieses Buch mit angeregt haben und entstehen ließen und hoffen, daß Sie, liebe Leserinnen und Leser, sich möglichst bald zu einer der Touren „anstiften" lassen – viel Glück, gutes Wetter, pannen- und unfallfreie Fahrt!

Tour 1

Würmabwärts und ein Hauch Schwarzwald

Ehningen – Weil der Stadt – Pforzheim

Die Würm, rechter Nebenfluß der Nagold, entspringt am Nordrand des Schönbuchs. Als anfangs weites Tal mit geringem Gefälle ist das Würmtal zu uns Radlern sehr freundlich. Immer ist Platz für ruhige Wege durch Wiesen, Wälder und Heiden. In kurzem Abstand warten interessante Orte auf: Döffingen, Weil der Stadt, Merklingen, Tiefenbronn und zum Schluß die Großstadt Pforzheim. Selbst in der Gold- und Schmuckstadt ist Radeln auf verkehrsarmen Routen leicht, denn Wegweiser helfen weiter, entlang Würm, Nagold und schließlich Enz sich zurechtzufinden.

Start: S-Bahnhof Ehningen (S 1, 30-Minuten-Takt)

Ziel: Bahnhof Pforzheim (Eilzüge etwa jede 2. Stunde, dazwischen IR-Züge mit einzelnen Fahrradplätzen)

Streckenlänge: 17 km bis Weil der Stadt, 48 km bis Pforzheim

Schwierigkeitsgrad: mittelschwer, überwiegend auf asphaltierten Wirtschaftswegen und geschotterten Waldwegen

Bemerkung: Die Tour kann gekürzt werden, indem man in Weil der Stadt endet oder beginnt. Sie kann verlängert werden, indem die Enztaltour angehängt wird.

Karten: Stuttgart und Umgebung, TK 1:100 000, Blatt 55, sowie TK 1:50 000, Blatt 14, Karlsruhe, Pforzheim, Blatt 1 (LVA)

Vom Bahnhof **Ehningen** nach Süden, dann rechts auf die Hauptstraße und nach dem Zentrum wieder rechts auf die Landstraße das Würmtal leicht abwärts Richtung **Aidlingen**. An der Straßenkreuzung überqueren, zur Siedlung Würmhalde hin auf einem Anliegerweg. Radwegweisung und das Zeichen roter Balken des SAV für den Hauptwanderweg 5 Schwarzwald–Schwäbische Alb–Allgäu helfen nun bis zur nächsten Siedlung. Dort biegen wir entgegen der Wegweisung rechts ab nach Grafenau-Döffingen.

Zwischen Aidlingen-Würmhalde und Döffingen sorgen am Rand

des hier recht naturnahen Würmtals Mischwälder mit hohem Anteil Kiefern, Hecken mit Weißdorn, Schlehen und anderen charakteristischen Büschen für Abwechslung am Wegesrand.

Ein Abstecher in den Ort **Döffingen** hinein – gut ampelgeregelt über die stärker befahrene Landstraße hinweg – lohnt sich. An der ehemals stark befestigten Kirche mahnen drei Daten zum Frieden: 1388, 1634, 1945. Sie erinnern an den Krieg des Grafen Eberhard gegen den schwäbischen Städtebund, den Dreißigjährigen Krieg und den Zweiten Weltkrieg.

Auf dem Weg zurück dürfen wir kurz vor dem Ortsende die Abzweigung nach rechts nicht verpassen. An der Post vorbei, dann rechts der Schwippe, bald der Würm auf dem **Schafhauser** Weg bis in das gleichnamige Dorf, Stadtteil von Weil der Stadt. In der Ortsmitte können wir das Fachwerk des Rathauses, die große Linde (ND) im Pfarrgarten gegenüber oder auch die spätgotische Pfarrkirche betrachten, ehe es über den Oberen Weg stets ausgeschildert weiter nach **Weil der Stadt** geht.

Noch vor der Stadt liegen drei *Einkehrmöglichkeiten* direkt am Weg: das Gasthaus Säge mit Biergarten, etwas weiter die Gaststätte der Kleintierzüchter sowie das Reiterstüble. Interessanter wäre es sicher, Rast oder Einkehr in die Stadtbesichtigung einzubauen. Wir kommen von Süden auf die noch stark befestigte Seite der ehemaligen freien Reichsstadt zu, biegen kurz vor der Hauptstraße (B 295) links in einen Fuß- und Radweg ab und finden einen ausgedehnten Spielplatz vor – auch gut für ein Vesper, wenn Kinder mitradeln.

Sinnvoll ist es in jedem Fall, den **Marktplatz** aufzusuchen, weil dort ein Stadtplan als Übersicht und die ersten Punkte von insgesamt 33 des historischen Rundgangs sind, den wir nicht im Detail beschreiben. Statt dessen sollen einige persönliche Eindrücke wiedergegeben werden, ein wenig mit geschichtlichen Fakten angereichert.

Ein weiteres, fruchtbares Tal mit genügend Wasser, aber links und rechts davon kargere, trockenere Wiesen, Heiden, auch Wälder – dies war die letzten Kilometer von Aidlingen her unser Eindruck vom Würmtal, der „Lebensader" des Hecken- und

Schlehengäus. So ist es nicht verwunderlich, daß schon vor 5000 Jahren erste Bauern in und um Weil siedelten. Die Kelten wurden um 500 v. Chr. hier ansässig, ein römischer Gutshof, eine „villa" von 90 n. Chr. beim Blammerberg nordöstlich der Stadt könnte der Namensgeber für Weil sein. Alemannen und Franken ließen Weil ebensowenig unbeachtet wie gleich zu Beginn unseres Jahrtausends neue Herren: In einer Urkunde des Klosters Hirsau von 1075 wird das Dorf „Wile" erstmals erwähnt. Damit ist zum einen der Einfluß des nahen Schwarzwaldes angedeutet, war doch das Kloster Hirsau lange Zeit der wichtigste Grundbesitzer in Weil. Andererseits diente der Ort im Würmtal den Schwaben und anderen Mächten als wichtiger Stützpunkt: Stauferkaiser Friedrich II. erhob zwischen 1223 und 1242 Weil zur Stadt, König Rudolf I. von Habsburg dann 1272 zur freien Reichsstadt. Als die süddeutschen Städte gegen den württembergischen Grafen Eberhard zogen, waren Weiler Bürger dabei; sechs fielen 1388 in der Schlacht von Döffingen. Ein Grabstein im Innern der Heilig-Kreuz-Kapelle an der Nordwestecke der Altstadt (Rundgang Nr. 28) gemahnt daran. Nicht nur über diese Ereignisse berichtet das **Stadtmuseum**: Marktplatz 12, Rundgang Nr. 6, Sa und So geöffnet 14.00–17.00 Uhr.

Mitten auf dem Marktplatz „blickt" **Johannes Kepler,** 1870 von dem Bildhauer Kreling geschaffen, in die Weite des Himmels. Kepler, 1571 am Ende der reformierten Zeit Weils geboren, trug der kleinen Stadt Ruhm ein. Seine Profession war die Astronomie und Mathematik. Die nach ihm benannten Planetengesetze werden als die ersten modernen Naturgesetze bezeichnet. Über dies und sein Leben gibt das Keplermuseum, sein Geburtshaus, neben dem Rathaus einen guten Überblick; es öffnet Di bis Fr 10.00–12.00 und 14.00–16.00 Uhr, Sa 11.00–12.00 und 14.00–16.00 Uhr, an Sonn- und Feiertagen 11.00–12.00 und 14.00–17.00 Uhr, jedoch von Oktober bis Mai nur jeden 1. und 3. Sonntag.

Johannes Brenz befaßte sich mehr mit den Menschen als mit Planeten. Geboren 1499, gewann er hohen Einfluß beim württembergischen Herzog Christoph als Reformator und Organisator der neuen protestantischen Kirche im Land. Sein Geburtshaus (Rundgang Nr. 21) bzw. das Nachfolgergebäude von 1887 steht ganz in der Nähe des bereits erwähnten Spielplatzes am Brühlweg. Die Johannes-Brenz-Kirche ist erst 1889 im neugoti-

Hausener Würmbrücke (Tour 1)

Südhang über der Enz bei Mühlhausen (Tour 2)

Idylle in Roßwag (Tour 2)

Rathaus, Schloß Kaltenstein und Kirche in Vaihingen a.d. Enz (Tour 2)

schen Stil erbaut worden, ein fast zierlicher Bau aus tiefrotem Buntsandstein, und da evangelisch, meist verschlossen. Im Stadtrundgang trägt die Kirche die Nummer 27. Sie liegt an unserem Weg hinaus aus Weil in Richtung Pforzheim.

Es wurde schon angedeutet: Württemberg wurde um 1530 in den meisten Landesteilen für immer und mehrheitlich evangelisch. Brenz und sein Herzog sorgten dafür. Doch keine zwei Jahre nach des Reformators Tod 1571 begann die Gegenreformation in Weil – mit deutlich sichtbaren Wirkungen bis heute. So ist die beherrschende Kirche, die *Stadtkirche St. Peter und Paul*, katholisch, deren älteste nachweisbare Teile die beiden romanischen Osttürme sind.

Von den drei klösterlichen oder klosterähnlichen Einrichtungen in Weil – am *Augustinereremitenkloster* von 1294 bis 1802 (Rundgang Nr. 11, Untere Klostergasse) und dem *Kapuzinerkloster* (Rundgang Nr. 12) kommen Sie auch vorbei – wurden wir vor allem auf das **Spital** (Rundgang Nr. 17, Stuttgarter Straße) aufmerksam. Es besaß beinahe 600 Jahre als Alten- und Pflegeheim für die Stadt erhebliche Bedeutung und war Mitte des 14. Jahrhunderts von der Begine Hail Brotbeckin gestiftet worden. Im 15. Jahrhundert vermehrte sich der landwirtschaftliche Besitz des Spitals deutlich, der Gutsbetrieb wurde bis 1970 geführt. Und erst 1953 löste ein neues Altenheim das Heim im Spital ab.

1802/03 besetzten württembergische Truppen die bis dahin freie Reichsstadt. Der Name „Weil der Stadt" wurde 1862 durch Ratsbeschluß festgelegt. 1869 eröffnete die Bahn nach Stuttgart die schnelle Verbindung zur Hauptstadt, nach Calw ging es 1872 auf Schienen. Letzteres ist ja heute nicht mehr möglich. Aber die S-Bahn nach Stuttgart fährt fast immer im Halbstundentakt.

Wir sind in einer überwiegend katholischen Stadt. Da verwundert es nicht, auf einen *Narrenbrunnen* an der Ecke Stuttgarter Str./Kellereigasse zu treffen oder gar auf das **Narrenmuseum** in der Stuttgarter Straße 60; es hat jeden ersten Sonntag im Monat offen 11.00–16.00 Uhr. Oder kommen Sie per Rad doch einmal an einem milden Wintertag zur Fasnetszeit nach Weil.

Zum Abschluß die Beschreibung für den Weg hinaus: von der Stuttgarter Straße Richtung Marktplatz nach dem Nar-

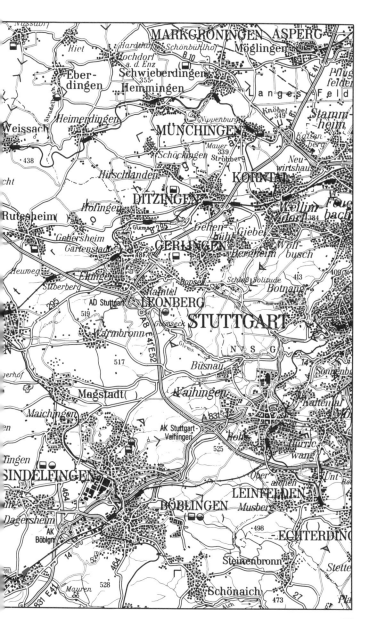

renbrunnen rechts die Kapuzinergasse, am Brunnen links und wieder rechts die Poststraße. An der schon erwähnten Johannes-Brenz-Kirche die Hauptstraße (B 295) überqueren, die Poststraße bis zur Bahn, scharf links, über die Brücke rechts und zunächst ein kleines Stück der Straße Richtung Pforzheim folgen. Bereits nach wenigen Metern geleitet uns die grüne Radwegweisung wieder weg von der Straße nach rechts, ein Stück parallel zu den Gleisen jenseits des Bahnhofs (Eisenbahnstraße), dann links die Daimlerstraße und durch das kleine Gewerbegebiet zum Wirtschaftsweg, der das **Merklinger Ried** (NSG) quert.

Bald kann man sich an einem Beobachtungsstand neben einem Moorsee über die Tierwelt des Rieds informieren: Beispielsweise könnten Vertreter der Spezies Kiebitz, Zwergtaucher, Königslibelle, Wasserfrosch, Wasserspitzmaus und andere, auf Wasser angewiesener Arten vor ein gutes Fernglas geraten – die richtige Tageszeit vorausgesetzt.

In **Merklingen**, das wir geradeaus erreichen, lohnen die Reste der einst befestigten **Kirchenburg** einen Besuch. Die alte Merklinger „Stadt" gilt als eine der größten Wehrkirchenanlagen Württembergs.

Über die Mittlere Straße (Landstraße Richtung Malmsheim) und die Würm, gleich nach der alten Friedhofskapelle links ab, dann immer geradeaus geht es gut ausgeschildert auf der Radroute Richtung Pforzheim.

Im leichten Auf und Ab bleibt Zeit, die hier an der Gesteinsgrenze Muschelkalk (oben)/Buntsandstein (unten) weit ausholenden Würmschleifen zu betrachten. Waren es oberhalb Merklingen recht geradlinig verlaufende Talzüge, innerhalb derer die Flüsse oder Bäche Wiesenmäander zirkeln – so man sie nicht reguliert hat –, dann macht von hier an abwärts das ganze Tal die Kurven des Flusses mit (Talmäander). Das NSG „Würmau am Heuberg", auf das wir von unserem Weg Richtung Hausen blicken, zeigt noch einmal schöne Wiesenmäander; drumherum Feuchtgrünland in extensiver Nutzung mit Ried und Röhricht. Kein Wunder, daß es hier auch Graureiher gibt.

Wer Zeit hat, kann nach **Hausen** hineinfahren: links ab

auf dem ersten geteerten Weg, sobald man Häuser sieht, in den Ort, bis zur beeindruckend stabil gebauten, fünfbogigen Brücke über die Würm aus dem Jahre 1777. – In diesem Fall etwa 1 km auf der Landstraße Richtung Heimsheim wieder hinaus aus Hausen, bis Sie zurück auf der Radroute sind, die Hausen normal links liegen läßt.

Nach der Überquerung der Landstraße – oder aus Hausen heraus links ab – weiter auf einem Anliegersträßchen Richtung Mühlhausen. Weiter auf und ab, denn wir sind nun nicht mehr auf der Landstraße im Tal. Mühlhausens Ortsrand streifen wir nur und fahren teils auf Wirtschaftswegen neben der Landstraße bis **Tiefenbronn**.

Lange Zeit galt als sicher, der Name rühre von der Eigenschaft der Brunnen in Tiefenbronn her. Sicher hat die Wasserversorgung des knapp 100 m höher als das Würmtal gelegenen Orts bisweilen Probleme bereitet, doch ebenso plausibel scheint, daß „Diefenbrunnen", 1105 erstmals urkundlich erwähnt, ein Ort an einem alten Volks- oder Gemeindebrunnen ist. Größte Sehenswürdigkeit ist aber die gotische **Pfarrkirche Maria Magdalena** mit reicher Innenausstattung von höchster kunstgeschichtlicher Bedeutung. Die Pfarrei gehörte zu Hirsau, bis zur Auflösung des Klosters 1558, danach zum Herzogtum Württemberg. Besonders wenn Sonnenlicht durch die zum Teil über 600 Jahre alten figürlichen und bunt bemalten Glasfenster fällt, nimmt das Innere der außen so unscheinbaren Kirche ganz gefangen. Ob Sie zuerst die zahlreichen Wandmalereien studieren – an der nördlichen Langhauswand sind es Wappen –, sich dann den Altären zuwenden – am ersten Pfeiler links ein Marienaltar von 1517 –, das Chorgestühl oder die wertvolle Silber-Monstranz aus dem 15. Jahrhundert bewundern, den stärksten Eindruck dürften wohl die Altäre hervorrufen. Der Hochaltar im Chor, von Hans Schüchlin 1469 zu Ulm geschaffen, berichtet auf den Sonntagstafeln (aufgeklappt) vom Leiden, Sterben und der Auferstehung Christi. Die Werktagstafeln – Altar zugeklappt – zeigen die Freuden Mariens. An der Ostwand des südlichen Seitenschiffs steht – im Original – der Magdalenenaltar des Weil der Städter Malers Lucas Moser. 1431 hat er dieses Hauptwerk altdeutscher Malerei genial vollführt. Die Kirche ist nachmittags in der Regel immer offen, im Winter aber nur an Sonn- und Feiertagen 13.30 –15.00 Uhr. Erkundigen Sie sich notfalls vorher unter der Telefonnummer 0 72 34 / 42 10 beim Pfarramt.

Von Tiefenbronn aus gibt es zwei Möglichkeiten, weiter **Richtung Pforzheim** zu fahren. Die einfachere, schnellere führt auf der Landstraße hinab ins Würmtal: Wegweisung Richtung Pforzheim, mäßiges Gefälle, übersichtliche Kurven.

Im Tal bleiben wir zunächst noch knapp 1 km auf der Landstraße, danach biegen wir links ab, über die Würm zu einem Parkplatz und zum als Radwanderweg ausgewiesenen Waldweg links der Würm. Der Weg stellt den Anschluß an das Pforzheimer Radwegenetz her, das bis in den Stadtteil **Würm** reicht.

Bis dorthin zeigt das untere Würmtal viel von seinem hier ganz anderen Charakter: tief, das heißt 150 bis 180 m in die umgebenden Buntsandstein-Waldberge eingeschnitten, steile Talflanken, an mehreren Stellen mit wild durch- und übereinander „gepurzeltem" Blockschutt, dessen größte Brocken so groß wie kleine Garagen sind. Und daneben murmelt die Würm ihr Gedicht eines echten Schwarzwaldflusses.

Von Würm weiter geht es immer links der Würm, bestens beschildert und sehr gepflegt bis nach Pforzheim zum **Kupferhammer** (Einkehr möglich), wo die drei Fernwanderwege des Schwarzwaldvereins – Westweg, Mittelweg und Ostweg – ihren Ausgang nehmen. Hier mündet die Würm in die Nagold, wir müssen nur die Nagoldstraße (B 463) überqueren, um vollends sehr gut weggewiesen parallel zur Nagold in die Stadt zu gelangen.

Doch nun zur anderen Variante, ausgehend von der Kirche in **Tiefenbronn**: Nach rund 100 m auf der Hauptstraße im Ort Richtung Pforzheim nach rechts Richtung Wimsheim, aus dem Ort ganz hinaus, dann links in den Wald auf einem Schotterweg und stets gerade bis zur kleinen Landstraße (aus Richtung Friolzheim). Diese links bis „Seilers Kreuz", wo wir die Landstraße Richtung Seehaus – Pforzheim queren und einen Waldweg benutzen. Nach etwa 600 m, einem ordentlichen Gefälle und der Querung eines Bächleins geht es gleich links ab, weiter bergab auf gepflegtem Waldweg, in den bald der mit blau-gelber Raute bezeichnete Wanderweg von links her mündet. Am steilen Würmtalhang entlang kommen wir zunächst zum **„Oechsle-Pavillon"**, einem hölzernen Ausguck, atemberaubend über den Abgrund gebaut.

Eine Tafel erinnert an Ferdinand Oechsle (1774 1852), der 1795 als Goldschmied nach Pforzheim kam und auf vielen Gebieten Erfindungen machte. So wird die nach ihm benannte „Oechsle-Waage", eigentlich ein Tauchkörper, ja bis heute zur Bestimmung des Mostgewichts im künftigen Wein benutzt.

Von dem Pavillon führt der Weg entlang einem Schonwald – mit dem schönen Namen „Saustall" – zur **Burgruine Liebeneck**.

Die Reste dieser staufischen Burg (12./13. Jahrhundert) sind beachtlich, ein mächtiger Bergfried und hohe Mauern mit leeren Fensterhöhlungen lassen die einstige Bedeutung erahnen.

Wir verlassen die Burgruine, die etwa 100 m über dem Würmtal liegt, und folgen dem guten Waldweg etwa 1 km bergab bis zu einer Weggabelung, an der wir trotz Anstieg den rechten Weg wählen. Das WW-Zeichen der blau-gelben Raute führt uns nach weiteren 1,5 km auf eine schmale Landstraße, der wir bergab ins Würmtal folgen. Dort queren wir nach wenigen Metern die Würm und biegen im Ortsteil **Würm** (Pforzheim) hinter der Straßenbrücke gleich rechts ab in die Talstraße auf den Würmtalradwanderweg, den wir wie oben beschrieben bis in die Stadt benutzen.

Was die für Radler recht gut erschlossene Stadt des Goldes und des Schmucks alles bietet, kann hier nicht in Einzelheiten aufgezählt werden. Ein kurzer Blick in die Geschichte muß genügen. Die Lage an Enz, Nagold und Würm – alle drei aus dem waldreichen Schwarzwald kommend – bot bereits im ausgehenden Mittelalter dem Flößergewerbe gute Bedingungen, bis nach zahlreichen wirtschaftlichen Einbußen und Rückschlägen, darunter der Bau leistungsfähiger Eisenbahnstrecken, um 1910 die letzten Flöße die Enz hinabfuhren.

Der Radweg im Nagoldtal führt direkt am **Reuchlinhaus** vorbei. Johannes Reuchlin, 1455 in Pforzheim geboren, wurde zu einem der bedeutendsten Humanisten in Deutschland und Europa, laut Rudolf Schlauch „Wiederbringer der Antike, die Leuchte seiner Zeit". Im Reuchlinhaus schufen sich die Pforzheimer einen kulturellen Treffpunkt: Bibliothek, Stadtarchiv, früher auch noch das Heimatmuseum. Berühmteste Einrichtung dort ist aber das **Schmuckmuseum**. Es hat Dienstag bis Sonntag 10.00 – 17.00 Uhr geöffnet und zeigt Originale aus fünf Jahrtausenden, Schmuck fremder Völker und Kulturen, immer wieder auch Schmuckkunst der Gegenwart. Die ständigen Sammlungen und Sonderausstellungen machen deutlich, warum Pforzheim als eine der bedeutendsten *Goldschmiede- und Schmuckstädte* der Welt gilt. Aus kleinen Anfängen im Jahre 1707, als die ersten Fachkräfte vor allem aus der Schweiz geholt wurden, entwickelte sich im Laufe des 19. Jahrhunderts eine regelrechte Monopolstellung: 1910 waren 29 000 Menschen in der Schmuckindustrie beschäftigt. Heute noch bestimmt Schmuck und die Wiedergewinnung von Gold in der Scheideanstalt das Wirtschaftsleben Pforzheims, Krisen wirken sich entsprechend aus, allerdings geht es seltsamerweise auch schnell wieder aufwärts.

Nun geht es auf unserer bezeichneten Route entlang der Nagold, vorbei an der Stadtkirche mit 80 m hohem Turm, auf dem kombinierten Fußgänger-/Radlersteg über die Enz ein wenig im Zick-Zack in die Innenstadt und zum Bahnhof: zwischen **Stadttheater** und **Stadthalle** durch, die Hauptstraße Am Waisenhausplatz mit Hilfe der Unterführung und Schieberampen unterqueren, auf der anderen Seite über den **Platz des 23. Februar 1945** – so benannt zum Gedenken an die Zerstörung der Stadt – hin zur Haupteinkaufsstraße. An einem schönen Tag locken hier zahlreiche Straßencafés, und zum Bahnhof ist es jetzt nicht mehr weit: Auf der Östlichen Karl-Friedrich-Straße kommen wir vorbei am Neuen **Rathaus** mit der Stadt-Information (geöffnet Mo bis Fr 9.00 – 13.00 Uhr und 14.00 – 18.00 Uhr, Sa 9.00 – 12.00 Uhr, Telefon 0 72 31 / 39 90 - 0) und biegen an der Ampel auf der Straße nach links ab.

Die **Schloß- und Stiftskirche St. Michael** gilt als das bedeutendste Baudenkmal der Stadt, als „Steinernes Geschichtsbuch". Ihre ältesten Teile sind romanisch (1225), die jüngsten spätgotisch (1460). Auch nachdem Pforzheim im 16. Jahrhundert Teile seiner jahrhundertealten Bedeutung als Residenz der badischen Fürsten verlor, wurden die herrschaftlichen Toten noch bis ins 19. Jahrhundert in dieser Kirche bestattet. Gelegenheit, wertvolle Grabmäler und die Kirche selbst zu besichtigen, ist vom 1. März bis 31. Oktober Mi bis Fr 16.00–18.00 Uhr, So 11.00–12.00 Uhr.

Jenseits der Schloßkirche gelangen wir durch eine Unterführung direkt zum **Bahnhof.** Pforzheim liegt an der mit Interregio-, Eil- und Nahverkehrszügen dicht bedienten Strecke Karlsruhe – Stuttgart. Die Fahrt nach Stuttgart dauert etwa 30 bis 60 Minuten. Alternativ können Sie eine Übernachtungsmöglichkeit suchen und am nächsten Tag das Enztal weiter hinab radeln.

Tour 2

Das Enztal – naturbelassen und renaturiert

Pforzheim – Mühlacker – Vaihingen a. d. Enz

Die Enz, am Oberlauf typisches „Kind" des Schwarzwalds, biegt in Pforzheim nach Osten ab. Im Laufe von Jahrmillionen hat sie auf ihrem Weg zum Neckar ein abschnittsweise herrlich in die Muschelkalkfelsen eingesägtes, stark gewundenes Tal geschaffen. An manchem Südhang um Mühlhausen, Roßwag oder Vaihingen reifen ausgezeichnete Tropfen. Etwa 35 km leichte Strecke mit nur wenigen, kleineren Steigungen machen die Tour auch geeignet für weniger Geübte und sehr junge Radlerinnen und Radler, zumal kaum öffentliche Straßen benutzt werden. Besonders schön ist es hier im Frühling und im Herbst, was natürlich nicht gegen den Hochsommer spricht, wenn Bäder in Mühlacker oder Vaihingen der Erfrischung dienen können – oder einfach ein schattiges Plätzchen am Fluß.

Start: Bahnhof Pforzheim (Eilzüge etwa jede 2. Stunde, dazwischen jede 2. Stunde IR)

Ziel: Bahnhof Vaihingen a. d. Enz (Zugfolge ähnlich Pforzheim)

Streckenlänge: 35 km

Schwierigkeitsgrad: leicht

Bemerkung: Die Tour kann in Kombination mit den Touren 1 oder/und 3 geradelt werden. Insgesamt sind dann etwa 110 km zu bewältigen – vielleicht ein schönes Wochenende an Wurm, Enz und dem Fuß des Strombergs?

Karten: Stromberg-Heuchelberg, TK 1:50 000 (LVA) oder Stuttgart und Umgebung, TK 1:100 000 (LVA)

Wir verlassen den Bahnhof in Pforzheim nach Osten und gelangen durch eine Unterführung in Richtung Stadtmitte zur Schloßkirche (s. Tour 1). Wollen wir hier keine Besichtigung machen, so können wir auch den Schloßberg auf der Straße hinunterfahren. In jedem Fall biegen wir an der ersten Ampel nach rechts in die Fußgängerzone ein. Vorbei an Altem und Neuem Rathaus geht es dann nach links, mit Hilfe der Unterführung unter der Hauptstraße und zwischen Stadttheater und Stadthalle durch zur Enz. Am Ufer links, und immer flußabwärts folgen wir den Radwegweisern nach Mühlacker und Vaihingen.

Bereits nach wenigen hundert Metern Fahrt, bei der Altstädter Brücke, kommen wir direkt auf die älteste Kirche Pforzheims zu: Die Altstädter Kirche St. Martin, einst Mutterkirche der Stadt und nach Kriegszerstörung wiederaufgebaut, birgt ein Tympanon aus dem 12. und im Chor Wandmalereien aus dem 15. Jahrhundert (offen jeden Tag von 12 bis 18 Uhr). Wieder ein wenig weiter, gleich nach dem Eingang zum Enzauenpark, sehen wir linker Hand das jüngste Gebetshaus der Stadt, die Faith Moschee oberhalb der Eutinger Straße.

In **Eutingen** biegen wir vor der Schule links ab und erreichen bald eine sehr aufschlußreiche Informationstafel für Radwanderer.

Wer zur rechten Zeit kommt, kann in Eutingen einen Abstecher ins Bäuerliche Museum im Alten Schafhaus machen. Wir finden das Haus, in dem der Schäfer und seine Schafe wohnten, in der Julius-Heydegger-Straße 5. Erfahren kann man dort unter anderem etwas über die frühere Bedeutung der Woll- und Tuchproduktion im Raum Pforzheim. Das Museum hat am 2. und 4. Sonntag im Monat offen von 15.00–17.00 Uhr, für Gruppen nach telefonischer Voranmeldung (0 72 31 / 39 10 72) auch zu anderen Zeiten.

Die Landesgartenschau 1992 war Anlaß, die Enzufer ein längeres Stück weit naturnah zu gestalten. Der Park ist jetzt frei zugänglich und wird durch zahlreiche Veranstaltungen belebt: Konzerte, Theater, Gottesdienste, Kinder- und Seniorennachmittage, Fitneßtreffs, Führungen durch Klär- und Wasserwerk. Auch ein Biergarten lockt Spaziergänger und Radfahrer.

Wir folgen weiter den Schildern, wechseln auf die rechte Enzseite, fahren vorbei an Sportplätzen und unterqueren zunächst die Autobahn A 8, dann die Bundesstraße 10. **Niefern** heißt der nächste Ort. Mit einem kleinen Rechts-Links-Versatz queren wir die Hauptstraße, folgen einfach dem Enztalweg auf der Schloßstraße, dann biegen wir vor Ortsende links ab, kommen der Enz wieder sehr nah und überqueren sie nach etwa 1 km. Das lang-

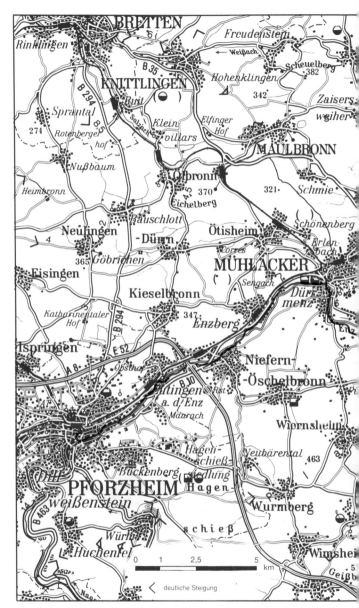

deutliche Steigung

15
Schlierkopf 450 m 472 384 Treffent
Michaelsberg BÖN
Häfnerhaslach Ochsen-
Kirbachhof bach
enbacherhof Spielberg g
379 387 Kirchbach
Hamberg 439 Fre
Hohenhaslach
Schützingen Steinbachhof 477
Baiselsberg
388 Gündelbach Lerchenberg Rechentshofen
Metter Weiße
ngen Eselsberg Horrheim
Ensingen 47 312 Donnersberg 261 SACHSE
e Klein-
Bf Vaihingen Sersheim
llingen (Enz) Nörd Groß-
0 Kleinglattbach Nittermbe
hausen S 325 288
nz Roßwag VAIHINGEN
an der Enz
rsheim Leinfelder
Hof Unter-
riexingen
ch 198 OBERRIEXING
Kreuzbach Talhausen 305
Sonnenberg Aurich Enzweihingen Pulver- Aichholz
351 Rieter Tal dingen hof
erres Nussdorf MARKGRÖN
399
Riet Hardthof Schönbühlhof
Iptingen Hochdorf B 10
a. d. Enz Schwieberdingen
Eber- 355
dingen Hemmingen
heim 460 Nippen
Weissach Heimerdingen MÜNCHING
Maue
438 Schöckingen Str
Hirschlanden

gestreckte Enzberg, Stadtteil von Mühlacker, streift unsere Route nur.

Von Niefern her auf dem Weg nah der Enz nach Mühlacker bewegen wir uns zeitweise in einem langgestreckten Naturschutzgebiet. Die feuchten Anwiesen am Fluß, wie auch ein schöner, schattiger Kleebwald am südöstlichen steilen Enzhang bis in Richtung Mühlacker-Dürrmenz zeichnen es aus.

Links der Enz, am Bad und den Sportplätzen vorbei, gelangen wir nach **Mühlacker**, Stadt seit 1920, als „Mulnagger" schon 1292 erwähnt. Neben einem Spielplatz geht ein Steg über die Bundesstraße 10: direkt zum Kelterplatz, an dem außer dem modernen Rathaus auch die ehemalige Mönchskelter aus dem 16. Jahrhundert steht.

Der stattliche Bau ist heute Heimatmuseum mit einer großen handwerklichen Sammlung, die auf die einstige Bedeutung des Weinbaus hier hinweist (Öffnungszeiten So 14.00–17.00 Uhr sowie am 1. So im Monat auch 10.00–12.00 Uhr, Telefon 0 70 41/ 18-3 29). Daneben laden Café und „Kleine Kelter" zur Einkehr ein.

Zurück über den Steg geht es hinaus aus dem Zentrum von Mühlacker. Die Waldenser-Brücke leitet uns gleich weiter nach **Dürrmenz.**

Dürrmenz ist viel älter als Mühlacker, wurde 799 erstmals erwähnt und gehörte lange Zeit zum Kloster Maulbronn. Malerische Bauten, viele mit Fachwerk, gruppieren sich um den zentral gelegenen Bischof-Wurm-Platz. 1699 gründeten Waldenser die Siedlung Du Queyras, als sie Zuflucht vor der Verfolgung durch den rigiden katholischen Staat Frankreich gefunden hatten. Das Waldenserdort ist inzwischen in Dürrmenz aufgegangen, aber mancher Name erinnert an diese Zeit.

Nach einer kleinen Runde durch Dürrmenz bleiben wir rechts der Enz, sehen am steilen Enzhang gegenüber eine Häuserzeile, darüber die Ruine Löffelstelz und ganz weit oben die Mittelwellen-Sendeanlagen des Südfunks. Am Ortsende verlassen wir die Hauptstraße nach links den Wegweisern folgend, streifen Lomersheim nur und erreichen dann mit den großen Schleifen der Enz um Mühlhausen und Roßwag einen besonders schönen Abschnitt.

Wohl darf das Wasser längst nicht mehr machen, was es will. Bezaubernd ist das Tal, sind die Bäume entlang der Enz aber allemal. **Mühlhausen** hat sich mit Kirche (1231 erstmals bezeugt), Pfarrgehöft und Rathaus auf engem Raum seinen dörflichen Charakter gut bewahrt. Am Rand des Orts, leicht erhöht aufgrund der bereits ansteigenden, steilen Rebenhänge, steht ein heute als Jugendbildungsstätte genutztes, ansehnliches Renaissanceschloß. Wie später in Roßwag werden uns bereits in Mühlhausen zahlreiche Zugänge zu gediegenen Gewölbekellern auffallen – Zeugen des vitalen Weinbaus.

Wir fahren nun am einfachsten links der Enz weiter, manchmal ganz nah am Fluß, auf gepflegtem Weg. Unter steilen Rebhängen mit einem ansehnlichen Felsenband dazwischen brütet die Sonne bisweilen, aber es gibt immer wieder Schatten der Bäume.

Technisch Interessierte können bald einen Abstecher über den Steg und dann nach links bis zum Wasserkraftwerk der Energieversorgung Schwaben machen: 1920 begonnen, 1922 fertiggestellt, nutzt das voll funktionsfähige, technische Denkmal einen natürlichen Vorteil aus; knapp 300 m sind die beiden Stellen der Enz voneinander entfernt, die hier um den Bromberg fließt. Der Höhenunterschied beträgt mehrere Meter, und wir können dem nach seiner Arbeit für die Turbinen mit großer Geschwindigkeit in einem Kanal dem Fluß zuströmenden Wasser zuschauen.

Nach diesem Abstecher zurück auf der normalen Route links der Enz wartet ein weiterer Glanzpunkt: das Naturschutzgebiet Schloßwiesen. Sie erstrecken sich weit nach Süden bis zur Enz, die hier ihrem steilen Prallhang direkt an den Fuß rückt. Am Rand dieses NSG radeln wir gemächlich nach Roßwag und sehen zahllose Kopfweiden zwischen feuchten Wiesen.

Auch in **Roßwag** lohnt es, sich für den dicht um die ehemalige Wehrkirche gruppierten Ortskern mit herrlichen Winkeln und ansehnlichen Fachwerkhaus-Zeilen Zeit zu nehmen.

Von Roßwag Richtung **Vaihingen** geht es zunächst auf der Landstraße, die nach einem großen Muschelkalk-Steinbruch von einem Wirtschaftsweg begleitet wird. An der Bundesstraße angelangt, können wir mit Hilfe eines kleinen Weges diese, d. h. deren Brücke über die Enz leicht unterqueren. Auf der anderen Seite bietet es sich nun an, gleich die Landstraße nach schräg links zu verlassen. Über den Alten Postweg (WW-Zeichen roter Balken) gewinnen wir bald, recht angenehm die Höhe, die uns über die Schloßbergstraße zum **Schloß Kaltenstein** hoch über der Vaihinger Altstadt bringt. Es lohnt sich, an einer großen Linde vor dem Schloß – heute Jugenddorf, Internat und Musikschule – die Räder anzuschließen.

Der Abstieg zu Fuß zur Stadt ist steil, aber interessant. In seiner Nähe befinden sich die weit zur Ortsmitte heruntergezogenen Befestigungen, dazwischen wächst viel Wein. In wenigen Minuten sind wir am **Marktplatz**, an dem massiven Rathaus, das 1720 erbaut und 1901 mit Malerei verziert wurde. Aus etlichen historischen Bauwerken ragt in der Marktgasse 6 der ehemalige Fruchtkasten der Herrenalber Pflege heraus: heute Stadtbücherei. Oder wir schlendern die Stuttgarter Straße entlang und freuen uns an dem **Bürgerbrunnen**. Kinder spielen oft am Wasser, das über die tonnenschweren Granitblöcke rinnt, die ein Bildhauer 1993 aufgestellt hat: Motto „lebendiges Wasser".

Zurück, den steilen Berg hinauf, wieder auf dem Rad und auf der Schloßbergstraße über die Nebenbahn. Nach der Brücke gleich links in die Marienburger Straße, die bis zu ihrem Ende verfolgt wird. Dann rechts, an einem Werk von Agfa vorbei, danach links – Achtung: dreimal Industriegleise – und nochmals links in die Straße Am Fuchsloch. Nach einer steilen Abfahrt passieren wir die Hauptstraße und können noch einen

Abstecher zum **KZ-Friedhof** gleich unterhalb vom neuen Bahnhof machen. Vorwiegend polnische Juden waren hier interniert, um an einem unterirdischen Flugzeugwerk zu arbeiten.

Ein kurzer Anstieg vom Friedhof auf einem Feldweg bringt uns zum Radweg neben der Straße, die nach wenigen Minuten zum **neuen Bahnhof** an der Neubaustrecke der Bahn Mannheim–Stuttgart führt.

Die Altstadt von Bietigheim (Tour 3)

Pomeranzengarten in Leonberg (Tour 4)

Weitblick im Strohgäu (Tour 4)

Tour 3

Wasser, Wein und Fachwerk auf schwäbisch

Bahnhof Vaihingen an der Enz – Ensingen – Horrheim – Bietigheim

Die Schlagworte sind schnell erklärt: In Schwaben ist das Mineralwasser aus Ensingen recht bekannt. Von seinem Abfüllort aus sehen wir schon im Hintergrund das zweite Element, den schwäbischen Wein, an den Hängen des Strombergs reifen. Dessen Höhen, die bis 477 Meter aufragen, tragen dichten Wald mit hohem Laubholzanteil. Zum wildreichen Naturpark gehört noch der nördlich anschließende Heuchelberg.

Immerhin ein Viertel der gesamten württembergischen Weinanbaufläche von etwa 10 000 Hektar findet sich am Stromberg und Heuchelberg. Um Horrheim und Hohenhaslach nehmen die Rebenhänge landschaftsprägende Ausmaße an. Am Ende unserer Tour erreichen wir Bietigheim: Es besitzt einen herrlichen alten Stadtkern, der unter Ensembleschutz steht, nicht nur mit Fachwerkhäusern, darunter aber einigen sehr ansehnlichen Exemplaren. Was durch die Landesgartenschau 1989 an Gestaltung und „Möblierung" der Enzaue verursacht wurde, erfreut uns Radler dann auf den letzten Metern.

Start: Bahnhof Vaihingen a. d. Enz (etwa stündlich Interregio-, Eil- oder Nahverkehrszüge aus/in Richtung Stuttgart)

Ziel: Bahnhof Bietigheim-Bissingen (S 5, 30-Minuten-Takt)

Länge: 30 km

Schwierigkeitsgrad: leicht bis mittelschwer; wir streifen nur die Ausläufer des Strombergs.

Bemerkung: Die Tour kann an die Enztal-Tour von Pforzheim her angehängt werden. Sie ist besonders reizvoll, wenn sich das Laub der Weinreben herbstlich verfärbt.

Karten: Naturpark Stromberg-Heuchelberg, Blatt 29, TK 1:50000 (LVA)

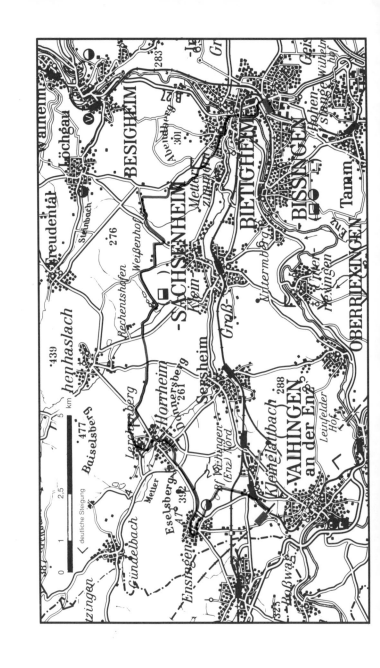

Wir verlassen den im Zuge der Neubaustrecke Stuttgart – Mannheim errichteten Bahnhof Vaihingen a. d. Enz nach Nordosten in Richtung Kleinglattbach.

Bescheiden wirkt daneben der kleine Haltepunkt der WEG (Württembergische Eisenbahngesellschaft), den wir auf dem Radweg in Richtung **Kleinglattbach** passieren. Diese Nebenbahn ersetzt zwischen Enzweihingen und Kleinglattbach den Schulbus.

Den Ort Kleinglattbach und die Nebenbahnstrecke queren wir auf der Wilhelmstraße und Ensinger Straße und folgen dann nach rechts der Bachstraße und den Radwegweisern des Landesradwanderweges (sehr kleine, weiße Radler auf grünem Grund). Nach 500 Metern unterqueren wir an einer Engstelle ein aufgelassenes Teilstück der ehemals äußerst stark befahrenen Trasse der Strecke Bietigheim – Mühlacker – Bruchsal/Pforzheim.

Ensingen, bereits im Naturpark Stromberg-Heuchelberg am Fuße des Eselsbergs (AT) gelegen, erreichen wir am Brünnlesbach und vorbei an einem kleinen Stausee. Besonders samstags, am Markttag, bietet sich ein Abstecher in den malerischen Kern des Weinbauorts an.

Über die Hauptstraße und Horrheimer Straße verlassen wir Ensingen wieder, biegen am Ortsende für ein kurzes Stück rechts ab, um auf den straßenbegleitenden Wirtschafts- und Radweg zu gelangen.

Horrheim, ein weiterer Teil der über 1200 Jahre alten Stadt Vaihingen a. d. Enz, mit dem schönen, zum großen Teil ummauerten Ortskern, sollten wir uns etwas näher ansehen. Es verwundert nicht, daß angesichts des gut ausgestatteten **Horrheimer Weinbaumuseums** Vaihingen 1987 in Rom einen Titel verliehen bekam: „Internationale Stadt der Rebe und des Weines".

Schade, daß wir das Museum in der alten Kelter aus dem Jahre 1788 nur als angemeldete Gruppe von mindestens 10 Personen zu sehen bekommen (Familie Bernhard Ilshöfer, Telefon 0 70 42 / 3 28 52). Aber vielleicht planen Sie ja genau so etwas einschließlich einer kleinen Weinprobe zu passendem Vesper – als Höhepunkt dieser recht kurzen Tour?

Auch ohne Museumsbesuch können wir am **Weinlehrpfad**, der bei der Genossenschaftskelter beginnt, etwas über den Weinanbau in der Region erfahren. Wer Zeit hat, schließt das Rad hier an und erklimmt über den etwa 5 km langen Lehrpfad die Weinberge bis hinauf zum Wald auf dem Klosterberg.

Sonst biegen wir einfach mit den Rädern bei der neuen Kelter rechts ab und bekommen entlang einem meist ebenen Wirtschaftsweg manches mit über Rebflurbereinigung, die Geschichte des Weinbaus, verschiedene Rebsorten und natürlich auch *den* schwäbischen Wein schlechthin – den *Trollinger.*

Anschließend können Sie sich gut zu einer Rast bei zwei kleinen Staubecken niederlassen, die ein wenig links oberhalb unseres bisher geraden Wegs am Waldrand liegen.

In jedem Fall – ob mit oder ohne Rast – fahren wir wieder den Hang auf einem geteerten Sträßlein hinunter, passieren einen Wanderparkplatz und erreichen die Landstraße Richtung Hohenhaslach. Dieser nur etwa 300 m nach links folgen, ehe es rechts ab auf einen Weg geht, der anfangs am Waldrand, bald im Wald verläuft. Wenn wir jetzt für einige Zeit das WW-Zeichen roter Punkt beachten, kann nichts schiefgehen: über eine Landstraße, an einer Wegegabel links halten, ein Stück groben Schotterweg, über die nächste Straße weg, nun wieder auf asphaltiertem Weg in das **Kirchbachtal**. Jenseits des Bachs verlassen wir die Wanderwegroute, benutzen das Sträßlein leicht nach rechts, vorbei an den Aussiedlerhöfen Langmantel und hoch auf eine kleine Anhöhe.

Ein schöner Blick nach Norden tut sich auf: vorne einige Fischweiher, dann die gewellte Ackerflur und dahinter, ja darüber **Hohenhaslach**, dessen alter Ortsteil inmitten der Rebenhänge zum nördlichsten Strombergzug hin liegt.

Gut 1 km weiter stoßen wir auf eine kleine Straße, folgen ihr nach rechts, biegen aber bei den nächsten Höfen nach etwa 500 m wieder nach links ein. Den Naturpark Stromberg-Heuchelberg haben wir inzwischen verlassen, kommen bald nach einer Rechtsbiegung auf die Landstraße von Kleinsachsenheim nach Löchgau. Wir folgen ihr für etwa 1 km nach links und biegen an der

Bushaltestelle **Weißenhof** West nach rechts ab. Durch das Tiefental, auf der anderen Seite kurz kräftiger ansteigend, erreichen wir **Weißenhof**, das 1739 auf den Resten einer römischen Siedlung gegründet wurde. Wir queren die Höfe bis zur Hälfte, schauen, wenn wir zur rechten Zeit da sind, vielleicht auch einmal, ob die örtliche Besenwirtschaft geöffnet hat ... und biegen erneut nach rechts ab. Einem Radwegpiktogramm folgend, geht es unter einer Hochspannungsleitung durch, danach links ab und kurz vor Erreichen der Landstraße wieder rechts.

Leichtes Gefälle, ein guter Panoramablick nach Süden, dann ein Grill- und Spielplatz – ideal für Radler. Wir erkennen bei guter Sicht den **Hohenasperg** als deutlichen Einzelberg – die Fachleute sagen Härtling oder Zeugenberg dazu, weil er Zeuge einer einst weiteren Verbreitung der harten Schilfsandsteinstufe ist. Dann ist da das Hochhaus der Bausparkasse in **Ludwigsburg** zu sehen, und noch weiter im Süden machen wir die Keuperrandstufe von Stuttgart-Feuerbach über Schloß Solitude bis zum Leonberger Engelberg aus.

Bietigheim ist schnell erreicht: nach dem Spielplatz schräg links, weg von dem Sträßlein, und nach etwa 400 Metern – entgegen der Beschilderung – rechts den Hang abwärts. Unten gut bremsen, denn es geht rechtwinklig nach links, bald durch ein ansprechendes Neubaugebiet geradeaus bis zum alten Stadtkern. Wir folgen weiter der Turmstraße, über die Hillerstraße hinweg und biegen dann die Pfarrstraße nach rechts ab.

Unten auf der Hauptstraße stoßen wir auf das **Hornmoldhaus**: Sein Erbauer, Sebastian Hornmold, wurde 1500 geboren. Als Jurist und Notar erlangt er nach der Reformation 1534 in Württemberg und Bietigheim am Hof des Herzogs Ulrich hohes Ansehen und wird Vogt von Bietigheim. Sein schönes Fachwerkhaus läßt er 1535/36 bauen und wohnt darin mit kurzen Unterbrechungen, bis er hochangesehen 1581 stirbt und in der Stadtkirche begraben wird. – Das Hornmoldhaus wurde etwa 10 Jahre lang restauriert und bildet seit Anfang 1989 zusammen mit Teilen des benachbarten Sommerhauses einen geeigneten Rahmen für das reichhaltige **Stadtmuseum** (geöffnet Di bis Fr 14.00–18.00 Uhr, Do bis 20 Uhr, Sa/So 11.00–18.00 Uhr).

Natürlich hat eine so gut erhaltene Stadt noch viel mehr zu bieten: Genannt seien nur das **Rathaus**, ein Steinhaus von 1507 mit steilem Giebel und spitzem Erkertürmchen, das Wengerterhaus, eine preisgekrönte Restaurierung aus den 70ern unseres Jahrhunderts, oder auch das **Untere Tor**, einziger erhaltener Turm der Stadtbefestigung.

Gehen wir dort unten hinaus die Hauptstraße (Fußgängerzone) weiter, dann kommen wir zum „Ku(h)riosum", einer umstrittenen Skulptur des modernen Bildhauers Jürgen Goertz. Derselbe Künstler hat am oberen Ende der Altstadt, dem Hillerplatz, ebenfalls einen Akzent gesetzt: den über 10 m hohen „Turm der grauen Pferde". Daß Kunst und Kultur hier gefördert werden, sieht man auch an der sehr interessant gestalteten Städtischen Galerie, Hauptstraße 62–64, mit ständigen Wechselausstellungen (Öffnungszeiten wie beim Hornmoldhaus).

> Schlendern Sie aus der Altstadt über die **Alte Enzbrücke** in die abwechslungsreich gestalteten Enzaue, wo sich 1989 die Landesgartenschau abgespielt hat.

Auch Erwachsene könnten Spaß finden an so manchem Gerät auf dem riesigen Spielplatz, und ein paar Schritte weiter schauen wir weit zurück: Von der Landesanstalt für Umweltschutz unterstützt, haben hier Stuttgarter Geologen ein komplettes Modell der südwestdeutschen Landschaft und Schichtenfolge aus mehreren hundert Millionen Jahren geschaffen.

Unter dem mächtigen **Enztalviadukt** von 1851, nach dem 2. Weltkrieg wieder aufgebaut, hindurch kommen wir zu dem schönen Modell-Lehrgarten, der vor einer mehr als 10 m hohen Muschelkalkwand vieles zeigt, was in unserer Heimat so wachst und angebaut wird· Umwelterziehung draußen.

> Leicht aufwärts gelangen wir über eine Anliegerstraße und eine Unterführung für Fußgänger und Radler zum **Bahnhof** und zur S-Bahn.

Tour 4

Kelten und Römer im Gäu

Stuttgart-Vaihingen – Bärensee – Schloß Solitude – Leonberg – Hochdorf – Markgröningen – Ludwigsburg

Bärenschlößle und Bärensee, Schloß Solitude und Leonberger Heide sind die ersten Ziele unserer Tour. Sie liegen alle im „Glemswald" oder an seinem Rand, einem der beliebtesten Naherholungsgebiete Stuttgarts. Wir wollen Ihnen wenigstens eine Route durch die schönen Wälder westlich von Stuttgart beschreiben, auf der Sie leicht zu den Zielen im Strohgäu kommen: zum Keltenfürstengrab von Hochdorf, nach Markgröningen, der wohlerhaltenen, ehemaligen freien Reichsstadt und nach Ludwigsburg, der noch jungen, glanzvollen Residenzstadt der absolutistischen württembergischen Herzöge. Dort im Stadtteil Hoheneck liegen die Reste eines römischen Gutshofs, die als Freilichtmuseum am Rande einer neuen Siedlung gestaltet sind. – Die Tour verbindet landschaftliche Kontraste, die für die engere Stuttgarter Umgebung typisch sind: so die stark bewaldete Gesteinsstufe des Keupers mit weiten Ausblicken nach Norden; die weiten, keineswegs ebenen Flächen des Strohgäus, die im Spätsommer in sattem Gelb leuchten; und die scharf in den Muschelkalk eingetieften Täler mancher Flüsse.

Start: S-Bahnhof Stuttgart-Universität (Linien 1, 2 und 3, dadurch dichte Zugfolge von meist 10 Minuten); wahlweise Leonberg (S 6, 30-Minuten-Takt)

Ziel: Bahnhof Ludwigsburg (S 4 und S 5 sowie Eilzüge)

Länge: 52 km mit Start in Stuttgart, 37 km von Leonberg aus

Schwierigkeitsgrad: mittelschwer

Bemerkung: Bläst ein kräftiger Ostwind, was bei Hochdruckwetter oft der Fall ist, dann können Sie die Tour gut auch in der anderen Richtung fahren, also mit Start in Ludwigsburg.

deutliche Steigung

0   1   2,5   5
km

44

Karten: Stuttgart und Umgebung, TK 1:50 000 (LVA), Großer Radfahrerstadtplan 1:20 000 (ADFC/RV-Verlag)

Als Ausgangspunkt schlagen wir die **Universität** in Stuttgart-Vaihingen vor, weil sie mit der S-Bahn aus allen Stadtteilen und der ganzen Region gut zu erreichen ist. Wer sich gut auskennt, kommt natürlich auch mit dem Rad dorthin oder gleich zum Schloß Solitude. So zum Beispiel aus der Stadtmitte und dem Westen über den Botnanger Sattel, am Wasserwerk Gallenklinge vorbei durch den Wald, mit einem kleinen Halt beim Schwarzwildpark am Wildsaugehege. Oder aus Richtung Feuerbach über die Hohe Warte, aus Richtung Weilimdorf durch das sehr schöne Lindental. – Nun aber die Beschreibung vom S-Bahnhof Universität aus:

> Hinaus aus dem Untergrund, nach Westen zwischen dem hohen Gebäudekomplex des Naturwissenschaftlichen Zentrums (links) und der Mensa (rechts) hindurch zur Straße Pfaffenwaldring, diese für gut 100 m nach rechts und den nächsten Anliegerweg nach links bis zur Wendeplatte. Linker Hand stehen Wohnheime für Studenten, wir verlassen den Campus aber gleich, wenn wir in Fortsetzung der Straße leicht schräg links in den Wald fahren. Der breite, gekieste Weg führt in leichtem Gefälle mit ein paar Biegungen vorbei am Klärwerk von Stuttgart-Büsnau zur Landstraße von Stuttgart nach Leonberg. Über einen Holzsteg kommen wir auf die andere Seite, halten uns auf erneut breitem Weg nach rechts und am **Neuen See**, dem mittleren der drei Parkseen, wieder links.
>
> An einem ruhigen Werktag können wir getrost über den Damm zwischen **Bärensee** und Neuem See hinauf zum **Bärenschlößle**, einem beliebten Ausflugsziel, fahren.

Baden im Sommer ist in den Seen nicht erlaubt. Wir halten uns an die Vorschriften zum Schutz dieser für die Stuttgarter Wasserversorgung wichtigen Reserve. Eislaufen im Winter ist offiziell auch nicht zugelassen; es finden sich jedoch immer viele Leute auf dem Eis – mit und ohne Schlittschuhe.

> Hinauf zum Bärenschlößle, weiter auf dem breiten „Radler-Highway", bis wir auf die Straße Richtung Weilimdorf und Solitude stoßen.

An Sonn- und Feiertagen bei schönem Wetter wird es aber zu jeder Jahreszeit besser sein, den Damm zwischen den Seen erst **nicht** zu überqueren. Dann tummeln sich in großer Zahl: Läufer, Spaziergänger, flotte Biker, gemütliche Radler, Hunde ...

So bleiben wir südlich der Seen, fahren leicht links aufwärts, beim nächsten Wegkreuz mit Hütte rechts und gerade bis zur **Bruderhausallee.** Diese biegen wir nach rechts ein und kommen stets gerade, aber auf und ab nach etwa 2 km zum Großen Stern. Von den sechs möglichen Richtungen wählen wir die leicht rechts (WW-Zeichen roter Balken) und erreichen auf erneut geradem Weg **Schloß Solitude:**

Herzog Eugen ließ dieses Lustschloß von dem französischen Baumeister Philipp de la Guepière in recht kurzer Zeit erbauen (1763–1767). Wenig sorgfältig muß die Auswahl der Baustoffe erfolgt sein, denn in unserem Jahrhundert war „die Sollldie", wie die Schwaben sie liebevoll nennen, reichlich marode. Eine fast bis in die 90er Jahre dauernde Restaurierung hat das stilistisch zum Übergang Rokoko/Klassizismus gehörende, herrlich gelegene Schloß retten können. Heute befindet sich in einem Teil der Nebentrakte eine Akademie für Künstler.

Geht man mitten unter das Schloß, unter den Kuppelbau, dann versteht man den Sinn der auffallenden, gut 14 km langen Allee nach Nordosten Richtung Ludwigsburg: Das schnurgerade Gebilde, heute an manchen Stellen unterbrochen, ist seit 1820 die Ausgangslinie der württembergischen Landesvermessung. Wir merken uns die Zeiten für eine Schloßführung (Di bis So 10.00–12.00 und 13.30–16.00 Uhr), genießen den freien Blick ins Land und radeln weiter nach Westen.

Auf schmaler Landstraße, die wegen einer Rutschung des obersten Steilhangs am Rand der Keuperstufe eingeengt ist, kommen wir zur **Schillerhöhe,** einem Gerlinger Stadtteil. Bei der Post kurz rechts und gleich wieder links in den Finkenweg. Um aber später nicht entgegen einer Einbahnstraße, parallel zur Landstraße fahren zu müssen, ist 100 m nach Einfahrt in den Wald eine Umleitung nötig: durch die Unterführung links, auf der anderen Seite der Straße bei der Kirche rechts, dann im wesentlichen geradeaus, die Landstraße nicht überqueren, sondern nach gut 1 km mit Hilfe einer zweiten Unterführung wieder unterqueren. Erneut nördlich der Landstraße, geht es gleich links parallel zu ihr erst auf einen schmalen Weg, dann geradeaus auf eine Anliegerstraße vorbei an mancher Villa in den Gerlinger Stadtteilen Bopser und Forchenrain.

Linker Hand liegt die **Gerlinger Heide** (NSG), ein schmales, stark besuchtes Refugium echter Heidevegetation. Bei guter Sicht lohnt es auch, an einer scharfen Linkskurve einmal wenige Meter von der Straße weg einen Aussichtspunkt aufzusuchen: Fast die gesamte Tour liegt dort wie ausgebreitet vor uns.

Über die Forchenrainstraße, dann ein kurzes Stück rechts die Hauptstraße, gleich wieder links ab in die aussichtsreiche Obere Burghalde, fahren wir nach kurzem Anstieg recht steil abwärts. Bei der Hauptstraße, der Stuttgarter Straße, links ab, und in kurzer Zeit sind wir mitten im alten Kern.

von **Leonberg**. 1318 wurde es württembergisch, das älteste Haus stammt von 1350. Wir stoßen direkt darauf, lesen auf der zum historischen Stadtrundgang gehörenden Tafel, daß im ehemaligen Bebenhäuser Hof wohl der erste württembergische Landtag 1457 tagte.

Zahlreiche schöne, meist mit Fachwerk errichtete Häuser stehen in diesem Straßenzug, der sich gleich zum Marktplatz weitet: In Nummer 11 wohnte einst die Familie des Astronomen Johannes Kepler, in Nummer 26 verbrachte Friedrich Hölderlin nach eigenem Bekunden seine glücklichste Zeit.

Wer außergewöhnliche Gärten liebt, lasse sich über die Schloß- und Zwerchstraße zum **Pomeranzengarten** leiten. Die Wegweisung führt uns zwar zu Treppen, diese sind aber mit Schieberampen versehen.

Das gartenbauliche Kleinod aus der Renaissance wurde Anfang des 17. Jahrhunderts vom berühmten herzoglichen Baumeister Heinrich Schickhardt angelegt. Nachdem seit 1742 das darüber liegende Leonberger Schloß – heute Amtsgericht und Finanzamt – nicht mehr als fürstlicher Wohnsitz genutzt wurde, baute man in dem Garten Obst und Gemüse an. 1980 wurde er nach Originalplänen restauriert.

Wenn Sie Kinder dabei haben, gönnen Sie ihnen vielleicht eine Pause auf dem nahegelegenen Spielplatz, ehe es weiter geht: steil abwärts, am besten schiebend, gelangen wir in die Bahnhofstraße. Diese gleich rechts und vor der Glemsbrücke wieder rechts in die Mühlstraße.

Steigen wir in die Tour hier ein, so sind es vom **S-Bahnhof Leonberg** nur wenige Minuten bis zur Kreuzung Mühlstraße/Rutesheimer Straße. In diesem Fall einfach geradeaus weiter.

Nun sind wir in einem besonders malerischen Teil des windungsreichen Glemstals. Schnell im Grünen, macht unser Weg jede Biegung des Flusses mit, überquert ihn einmal und ist zu jeder Zeit, wenn die Bäume Laub tragen, bezaubernd.

Unsere Talpassage dauert nicht lang, dann wartet die Straße hoch nach **Höfingen**. Oben biogen wir nach links ab, bald aber schräg rechts in die Lachentorstraße ein. Am Ortsrand halten wir uns an einer Gabelung hinter der Hochspannungsleitung rechts.

Mitten im **Strohgäu** geht es nun durchaus wellig, daher auch aussichtsreich zwischen Getreidefeldern und Pferdekoppeln abwechslungsreich nach **Heimerdingen**. Ende August, nach der Ernte, stehen die Felder in Stoppeln da. Wir können ja einmal ausprobieren, wie es sticht, barfuß übers Feld zu rennen, so wie es in Markgröningen die Schäfer jedes Jahr beim Schäferlauf tun.

In Heimerdingen kommen wir zuerst zum Bahnhof des von der Württembergischen Eisenbahn-Gesellschaft betriebenen „Strohgäu-Express". Bei einer Panne oder schlechtem Wetter können wir die Tour hier beenden und samt Fahrrad zusteigen. Allerdings fahren die Züge nur von Montag bis Freitag in dichterer Folge, mit Anschluß zur S-Bahn in Korntal; samstags spielt sich wenig ab, dafür an 10 bis 12 Terminen **sonntags**, wenn der „Feurige Elias" dampft und Fahrräder sogar umsonst mitnimmt. Genaues erfahren Sie unter Telefon 07 11 /44 67 06.

Über die Bahn, an der Kreuzung wenige Meter rechts Richtung Hemmingen und gleich wieder links auf einem Wirtschaftsweg nach Norden. Am Waldrand kommen wir zu einem Grill- und Spielplatz, nach wenigen hundert Metern zur Kreisstraße Richtung Hochdorf, die hier die Kreisstraße von Hemmingen nach Eberdingen kreuzt. Etwa 3 km weiter ist **Hochdorf** erreicht, das durch das Grab eines **Keltenfürsten** berühmt geworden ist. Über die Eberdinger Straße rechts, die Rieter Straße links, kurz die Enzweihinger Straße geradeaus und die Keltenstraße rechts kommen wir auch gleich zum Museum (April bis Oktober Di bis So 9.30–12.00 und 13.30–17.00 Uhr, November bis März gleiche Zeiten, aber Mo und Di zu), in dem sich viele Grabfunde und -beigaben im Original oder als wertvoller Nachbau bewundern lassen.

Die Restauratoren haben, wo es möglich war, handwerkliche Methoden wie zu keltischen Zeiten angewandt und so einen weiteren Ausstellungszweig mitbegründet: das frühkeltische Handwerk. Kernbestand ist all das, was aus dem glücklicherweise nie ausgeraubten Fürstengrab geborgen wurde. Über Jahre war man damit beschäftigt, auch solch praktische Beigaben wieder herzustellen wie einen Hut aus Birkenrinde, einen Holzkamm, ein Rasiermesser aus Eisen – teilweise als praktische Hilfe fürs Jenseits aufzufassen, teils als Ehrenbekundung der Hinterbliebenen. So auch die Schmuckstücke aus Gold oder das grandiose Trinkservice aus Bronze mit einem 500 Liter fassenden Kessel, auf dem drei Bronzelöwen machtvoll in die Runde blicken.

Vom Museum am nördlichen Ortsrand ein kurzes Stück nach Süden, dann links, am Friedhof vorbei, sind es nur wenige Meter zum rekonstruierten **Grabhügel**, aus dem die Funde stammen.

In Sichtverbindung zum etwa 10 km entfernten Hohenasperg, der einen keltischen Fürstensitz trug, wurde hier vor etwa 2500 Jahren ein hochstehender Kelte begraben. Die tresorähnlich gesicherte Grabkammer blieb unversehrt, obwohl der Hügel darüber im Lauf der Zeit fast abgetragen worden war. Heute steht er wieder in voller Höhe von 7 Metern und seinem ursprünglichen Durchmesser von 60 Metern da. Ein stattliches Gebilde, und von oben schweift der Blick weit hin.

Wir radeln nun nach Osten, mit leichtem Gefälle, das uns die nächsten Kilometer erhalten bleibt. Über freies Feld, an einer markanten Busch- und Baumreihe links, wieder rechts und weiter geradeaus, unter der B 10 zum Weiler Schönbühlhof, wo wir nach einem Verschwenker erneut links den Klingenweg in Richtung Markgröningen fahren.

Nach der Unterquerung der Bahn nimmt in der Eichholzer Klinge das Gefälle zu, und wir erreichen wieder das Glemstal. Durch eine Steinbruchzufahrt ist die Straße nach links, hinein nach **Markgröningen**, oft verschmutzt. An der Landstraße fahren wir rechts, über die Glemsbrücke und kräftig bergauf in die stolze, alte Reichsstadt.

Wir stoßen gleich auf einen der größten Fachwerkbauten des Landes, das Pfründnerhaus vom ehemaligen Spital, heute die Stadtbücherei. Wir sollten uns etwas Zeit nehmen, vielleicht den historischen Stadtrundgang oder Teile davon verfolgen (Dauer etwa 1,5 Stunden). Auf jeden Fall ist der Marktplatz mit dem mächtigen **Rathaus** aus dem 15. Jahrhundert beeindruckend. Als das Fachwerk für dieses Symbol des Bürgerstolzes von altschwäbischen Zimmerleuten, Meistern ihres Faches, errichtet worden ist, konnte Markgröningen bereits auf eine lange Vergangenheit zurückblicken: Siedelten Kelten noch um 400 v. Chr. in der Enzaue, einige Kilometer nördlich der späteren Stadt, so rückten römische Gutshöfe um 100–200 n. Chr. schon näher. Alemannische Reihengräber, ungefähr 260 n. Chr., beim Aichholzhof und an der Vaihinger Steige, über die wir herkamen, stehen in unmittelbarem Zusammenhang mit der Sippe des Gruono, die bis um 500 hier lebte. Der Ortsname „Gruoningen", 779 erstmals urkundlich erwähnt, geht auf sie zurück. – Wohl 1245 erhob Kaiser Friedrich II. Markgröningen zur Stadt, belehnte Graf Hartmann von Grüningen aber schon 1252 damit. Hartmann fiel von den Staufern ab und wechselte auf die Seite der Württemberger. Sein Grabstein von 1280 befindet sich in der etwa ein Vierteljahrhundert vor seinem Tod errichteten gotischen Stadtkirche St. Bartholomäus. Der Stein zeigt zum erstenmal das bekannte württembergische Wappen mit den drei schwarzen Hirschstangen auf goldenem Grund.

Warum dieser kleine Exkurs? Wir wollen zeigen, worauf manche Markgröninger heute noch pochen. Ihre Stadt erhielt nicht nur viel früher das Stadtrecht als Ludwigsburg, sondern veranstaltet auch den weit über die Grenzen des Kreises hinaus bekannten

Schäferlauf. Dieses Zunftfest der Schäfer, bereits 1443 urkundlich erwähnt, ist bis heute ein Ereignis, das viele regelmäßig am letzten Augustwochenende anlockt: Dann huldigen die Schäfer des Landes ihrem Schutzpatron Bartholomäus mit einem Festzug, mit Wettläufen übers Stoppelfeld und allem, was zu so einem traditionsreichen Heimatfest gehört. Der Figur des „Treuen Barthel" begegnen Sie auch häufig: als Wirtshausname und als Brunnenfigur.

Wir verlassen Markgröningen über die Ostergasse, kommen auf die Landstraße Richtung Asperg, queren sie am Ortsende vorsichtig, um einen linksseitigen Fuß- und Radweg zu benutzen, der uns schnell bis zum Krankenhaus bringt. Dort biegen wir nach links von der Hauptstraße ab, steuern ganz bergauf, nördlich am Wasserturm vorbei und gelangen auf den Höhenrücken des Hurst, der sich westlich an den Asperg anschließt.

Baumstücke, Streuobstwiesen, Felder, Hecken und auch Weinberge gliedern den aussichtsreichen Rücken aufs schönste.

Unser Weg geht in die Hurststraße über. Die Landstraße überqueren wir vorsichtig. Ein Abstecher hinauf zum **Hohenasperg** lohnt, besonders bei guter Sicht.

Nach Süden offenbart sich ein schöner Ausblick ähnlich dem vor Bietigheim (siehe Tour 3), nur sind manche Marken wie die Stuttgarter Sendetürme näher gerückt. Auf dem Hohenasperg befindet sich eine Festung aus dem Jahre 1535. Heute beherbergt sie hinter dicken Mauern ein Gefängniskrankenhaus, das entsprechend bewacht ist. Trotzdem werden hin und wieder spektakuläre Ausbrüche gemeldet. Früher ging das wohl nicht so leicht vonstatten. Manche Gefangene „schmorten" jahrelang, anstatt – aus heutiger Sicht – dem Land zu nützen . . .

Nennen wir einmal drei Prominente: *Josef Süß Oppenheimer,* Finanzrat des Herzogs Karl Alexander. Er hatte sich schon Feinde genug geschaffen, bevor ihn sein Herr in Ungnade fallen, 1737/38 auf dem Asperg festsetzen und hinrichten ließ. Der demokratisch beseelte Dichter *Christian Friedrich Daniel Schubart* mußte – unter Herzog Karl Eugen übrigens – gar von 1777 bis 1787 einsitzen. Und dem Nationalökonomen *Friedrich List,* heute geehrt als seiner Zeit weit voraus, blieb 1824/25 die

Weinbau bei Benningen am Neckar (Tour 6)

Ruine Hohenbeilstein über dem Bottwartal (Tour 5)

Schloßplatz in Stuttgart (Tour 7)

Haft auf dem Asperg auch nicht erspart. Ist nun zu verstehen, warum der Berg den Beinamen „Demokratenbuckel" besitzt?

Wir verlassen den Hohenasperg auf demselben Weg, den wir gekommen sind, biegen noch vor der Landstraße scharf rechts ab und umrunden den Berg im Norden auf ruhigem Sträßlein. Später fahren wir parallel zur Bahnlinie auf den Ort Asperg zu, benutzen die Brücke über die Bahn nach links und biegen gleich wieder links ab: Abwärts, am Freibad Asperg vorbei – oder etwa hinein zur Erfrischung? – und weiter geradeaus, unter der Autobahn durch, schnell sind wir an der B 27. Mit Hilfe einer Ampel wird diese überquert, hin zum eindeutig geführten Radweg.

Wir sind inzwischen auf dem Gelände des Golfplatzes beim Schloß **Monrepos**. Wörtlich übersetzt heißt mon repos „meine Ruhe". Wozu brauchte wohl ein absolutistisch regierender Herzog wie Karl Eugen, der Bauherr auch dieser baulichen „Vergnügung", so viele Schlösser mit Parkanlagen? Vielleicht werden wir auf Tour 11 schlauer. – Jedenfalls ist es uns heute recht, daß wir an dem mehrfach ausgebuchteten, fast verwunschen wirkenden See rasten oder auf ihm Boot fahren können.

Vom Schloß aus folgen wir der Seeschloßallee genau nach Südosten, unterqueren erst eine Landstraße, dann nach einer längeren, aber sanften Steigung die S-Bahn (die Station „Favoritepark" der S 4 ist für alle Fälle ganz nah) und kommen an den hohen Zaun, der um den Park von Schloß **Favorite** gezogen ist.

In den Park, der sogar ein Naturschutzgebiet ist, kommen wir nur durch ein Drehkreuz, was für Tandems und Fahrräder mit Anhängern oder lange Liegeräder ein unüberwindbares Hindernis darstellt. Auf dem breiten Hauptweg ist werktags Radfahren erlaubt, es lohnt sich, mit Muße hindurchzufahren. So bekommen wir bei dem einen oder anderen Halt wohl mit, wie ungewöhnlich zutraulich die Eichhörnchen sind. Und mit etwas Glück erspähen wir Wild der Arten Dam, Axis und Mufflon, für die der Favoritepark bekannt ist.

Etwa in der Mitte des Parks – das namengebende Schloß bleibt rechts liegen – biegen wir schräg nach links zum anderen Ende. An Wochenenden können wir, uns stets an den nordseitigen Zaun haltend, gut um den Park herumradeln. Es geht dann auf die Siedlung am Rand des Ludwigsburger Stadtteils **Hoheneck** zu.

Zwischen einem großen Spielplatz unter Bäumen und den Häusern fast versteckt, wurde 1993 ein **römischer Gutshof** mit Bad und Ziegelei zu einem kleinen Freilichtmuseum gruppiert. Der Ludwigsburger Archäologe Oscar Paret hatte das Anwesen schon 1911 ausgegraben. Dazu gehört ein antiker Kräuter- und Gewürzgarten sowie ein kleiner Acker. Das Besondere an diesem Garten sind die rückgezüchteten Samen und Pflanzen, wie sie ähnlich zur Zeit der Römer gediehen sein müssen.

Über den Spielplatz fahren wir wieder auf den Favoritepark zu, folgen seinem Verlauf ein Stück und kommen an die Hauptstraße, die Bottwartalstraße, die uns bergab bis zur Marbacher Straße führt. Wir überqueren sie und fahren rechts entlang der Begrenzung des

Ludwigsburger Schloßparks. Zu mehr als einem kleinen Eindruck von der gewaltigen Anlage wird es am Ende der so mit Attraktionen gespickten Tour kaum reichen. Daher auch nur wenige Einzelheiten aus der hundertjährigen Baugeschichte des Barockschlosses: 1704 beschloß der bis dahin an anderen Orten, unter anderem in Stuttgart residierende Herzog Eberhard Ludwig, hier, wo noch keine Ansiedlung bestand, ein Jagdhaus errichten zu lassen. Angeregt durch die glanzvolle, verschwenderische Hofhaltung der französischen Könige, machte er es unter verschiedenen Baumeistern und Bauherren schließlich zu einem der größten deutschen Barockschlösser. Die entsprechende Hofhaltung, die gar nicht lange währte und immer wieder unterbrochen wurde, zog bald manches andere nach sich: An-, Um- und Ausbauten am eigentlichen Schloß, die Einrichtung einer Porzelanmanufaktur, die bis heute produziert, auf dem Hügel gegenüber das Jagd- und Lustschlößchen Favorite (Titelbild) und weit außerhalb das Schloß Monrepos.

Reicht es jetzt zu keiner Besichtigung, für Kinder und Junggebliebene wäre ja noch der **Märchengarten** da, für Freunde prachtvoller Gartenanlagen die Süd-, die „Schau"-Seite mit dem „Blühenden Barock", so ist vielleicht wenigstens Zeit für eine Tasse Kaffee im Schloßhof an der Westseite.

Weiter in die Stadt geht es über einen Überweg mit Ampel zur Marstallstraße. Diese aufwärts, und wir kommen an der nächsten Ecke zum Geburtshaus eines der großen Söhne Ludwigsburgs: *David Friedrich Strauß* wurde hier 1808 geboren und später zu einem kritischen Theologen und Philosophen. Schräg links weiter auf dem **Holzmarkt** steht ein obeliskenartiges Denkmal, das außer ihm noch *Friedrich Theodor Vischer*, den 1807 geborenen Ästhetiker und Dichter, ehrt. Außerdem gibt es einen Hinweis auf zwei weitere schwäbische Berühmtheiten:

Justinus Kerner, der Dichter und Arzt, wurde 1788 am **Marktplatz** 8 geboren, dort kommen wir nach wenigen Metern hin, und der Dichter *Eduard Mörike*, 1804 in der Kirchstraße 2, wohin wir nach einer gebührenden Würdigung des zu Marktzeiten herrlichen Platzes einmal rechts, dann wieder links durch die Fußgängerzone gelangen.

Nach Überquerung der Wilhelmstraße von der Kirchstraße aus können wir nun unseren Weg zum Bahnhof entweder das kurze Stück Fußgängerzone der Seestraße wählen, dann an der Mathildenstraße rechts, oder wir benutzen gleich die Wilhelmstraße nach rechts, biegen am Schillerplatz links ein und kommen in beiden Fällen durch die Myliusstraße direkt zum **Bahnhof.** Dort haben wir zwei S-Bahnlinien und manche Eilzüge zur Auswahl, um zurück nach Stuttgart zu gelangen.

Tour 5

Auf einer alten Bahntrasse ins Unterland

Marbach/Neckar – Bottwar- und Schozachtal – Heilbronn

Wo beginnt es nun, das Unterland, das vielbesungene? Schon nördlich der Alb, was überzeugte Oberländer, Oberschwaben glauben könnten? Irgendwo zwischen Stuttgart-Degerloch und dem Schloßplatz, wie eine strenge Definition lautet? Eine weitere Version sieht im Unterland das Gefüge von Tälern des Neckar und seiner Nebenflüsse, in denen der schwäbische Wein wächst. Aber es gibt von dieser recht einleuchtenden Erklärung ein paar Ausnahmen, so den Neuffener „Täleswein", die Gewächse um Metzingen und auch die raren Tropfen von den Kocher- und Jagsthängen, die schon eindeutig Hohenlohe und nicht mehr dem Unterland zuzurechnen sind. – Der Charakter unserer Tour kommt derlei Betrachtungen sicher entgegen. Die einzige ausgeprägtere Steigung wartet gleich zu Beginn bei Marbach, ist aber nicht zu lang. So bringt sie Kreislauf und Gedanken in Schwung und läßt uns den langen, flachen Rest genießen – fast durchweg auf der Trasse der ehemaligen Bottwar-Schozachtal-Bahn. An schönen Orts- und Landschaftsbildern mangelt es nicht, und auch das große Freibad von Oberstenfeld kann locken. – Ob wir nach dieser Fahrt uns zur Frage nach dem „wahren Unterland" äußern mögen? Probieren Sie es aus.

Start: S-Bahnhof Marbach (S 4, 30- bzw. 60-Minuten-Takt)

Ziel: Bahnhof Heilbronn, (Eil- und Nahverkehrszüge etwa jede Stunde Richtung Stuttgart)

Länge: 40 km

Schwierigkeitsgrad: leicht

Karten: Naturpark Stromberg-Heuchelberg, TK 1 : 50 000 (LVA)

Die Schillerstadt **Marbach am Neckar** – wohin die auf ihre Dichter zu Recht stolzen Schwaben einst fälschlich die britische

Königin Elisabeth II. leiteten, als sie eigentlich das Gestüt Marbach auf der Schwäbischen Alb besuchen wollte – ist unser Ausgangspunkt. Für seine Altstadt überm Neckar und das Schiller-Nationalmuseum benötigen Sie allerdings Zeit, so daß wir alles besser bei der Tour zu Murr und Neckar (Nr. 6) genauer ansehen.

Am Bahnhof benutzen wir die Unterführung auf der stadtabgewandten Seite, fahren nach rechts, ein Stück weit entlang den Gleisen und erklimmen nach einer Linkskurve auf einem geteerten Wirtschaftsweg den Altenberg. Auf der Höhe fahren wir geradeaus, an der nächsten Wegegabelung rechts und nach einem weiteren kleinen Anstieg nochmals rechts.

Kaum an einem kleinen Unterstandshüttchen vorbei, sehen wir schön auf das **Bottwartal**. Es liegt eingebettet in die für den Westrand der Löwensteiner Berge typischen Auslieger wie Wunnenstein oder Forstberg westlich und Benning oder Lichtenberg östlich des Tals. Fast alle diese Berge – oft eher schärfere Kanten am Rand größerer Verebnungen – tragen an ihren Sonnenflanken Weinreben, während ihre „Häupter" von meist gut durchmischtem Wald gekrönt sind.

Vom Altenberg geht es nun hinab: erst links, an einer weiteren Wegegabel rechts. So kommen wir flott nach **Steinheim** an der Murr, biegen links über die Brücke und sind gleich im alten Zentrum um das schöne *Rathaus* und das **Urmensch-Museum** (siehe Tour 6). – Ein Stück nach links auf die Hauptstraße, an der abknickenden Vorfahrt erst geradeaus und die nächste Straße wieder rechts erreichen wir das **Kloster- und Stadtmuseum** (offen Sa und So 10.00–12.00 und 14.00–16.00 Uhr; nur 1. 4. bis 30. 9. Sa, So und Fei bis 17.00 Uhr): immer eine Alternative für die, denen ganz alte Knochen nicht so liegen.

Zudem hat man beim Bau geschickt Teile der ehemaligen Klostermauer verwendet, in sie mannshohe Fenster eingezogen und so Durchblicke geschaffen, die Neugierige dazu verleiten sollen, doch einmal hineinzukommen.

Kurz zurück und auf einen Radweg mit Steg über die Bottwar, so gelangen wir zum Ausgangspunkt der Bottwartal-Radwanderroute.

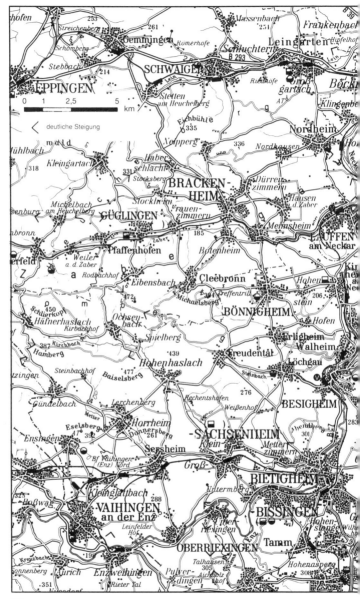

60

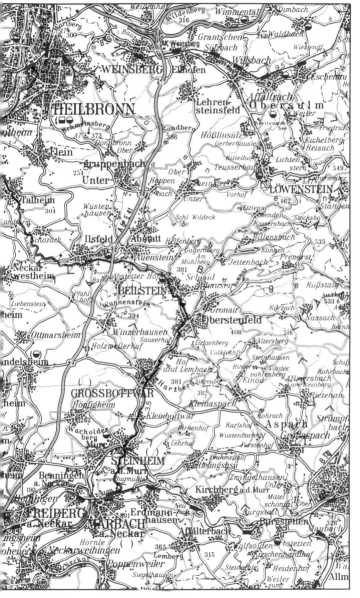

Ein Blick zurück über die stark befahrene Straße zum alten Bahnhof und zu einer schwarz glänzenden Dampflok zeigt uns die Ursache für das bequeme Radfahren, das uns nun erwartet. Die **Bahnstrecke** wurde 1968 stillgelegt und im Laufe der Zeit komplett als Radroute ausgewiesen. – Nur kleine Teilstücke, wo seit Anfang der siebziger Jahre die ehemalige Trasse bebaut wurde, stehen den Radlern nicht zur Verfügung. Dann gibt es auch eine kurze Steigung, wie sie eine Bahn ohne Zahnradantrieb nicht schaffen würde, oder scharfe Kurven, um die ein Zug nie herumkäme. Unbequem wird die Radelstrecke aber an keiner Stelle, sie ist deshalb an schönen Wochenenden, besonders sonntags, sehr beliebt. Wenn Sie können, fahren Sie besser samstags.

In Steinheim geht es also los, vorbei an den Tafeln eines **Fischlehrpfads**. Schmal, zwischen Bäumen und den alten Kilometersteinen, kommt der Charakter der Bahnstrecke richtig zur Geltung. Die Bottwartalstraße wird vorsichtig überquert. Wir fahren weiter auf schmalem Weg über die Bottwar hinweg, danach bald auf einer kleinen Straße von Klein- nach Großbottwar. Rechts die Rebenhänge des Benning, links zum Fluß hin ab und an noch Schilfbestände und feuchte Wiesen.

Der Wein, der hier gedeiht, ruft uns die Bemühungen der Bottwartäler Wengerter ins Gedächtnis, sich und das ganze Tal ins rechte Licht zu rücken. Da sind zum einen die Anbaubetriebe, die außer einer Weinstube noch ein Gasthaus mit 20 Betten betreiben. Betreiber von Besenwirtschaften sollten für die Zeit, in der sie nichts ausschenken, ebenfalls ein anderes Standbein haben; das kann der Anbau von Tafeltrauben sein. Von einem Beilsteiner Weingut wird die Produktion gar zu 90 Prozent an Privatkunden und die Gastronomie verkauft, werden die Flaschen mit künstlerisch gestalteten Etiketten beklebt. – Eine andere Idee Ortsansässiger, hinter der neben anderen die großen, adeligen Weinerzeuger von Burg Lichtenberg und Schaubeck stecken, sind die „Wein- und Kulturtage" im Juni. 1993 zum erstenmal ausgerichtet, sollen sie jährlich dem Bottwartal Impulse verleihen, die Besinnung der Einheimischen auf ihre eigenen Stärken fördern.

Wir haben vorgegriffen, sind ja noch kurz vor **Großbottwar**: auf dem Radwanderweg bis zur Hauptstraße und dann, wenn wir einen kleinen Abstecher in den alten Kern machen wollen, links ab, über die breite Kreuzung mit der Bottwartalstraße hinweg, danach schräg rechts, und schon sind wir am schönen

Fachwerkrathaus mit einer Uhr, aus der stündlich verschiedene Figuren herauskommen. Aus einer Reihe renovierter alter Häuser ragt mit Sicherheit das **Schiefe Haus** heraus. Wir finden es wenige Minuten vom Marktplatz weg.

Zur Radwanderroute zurück geht es wieder über die Hauptstraße, dann links, hinter einem Supermarkt erneut links, zwar talaufwärts, was aber kaum zu spüren ist, und weiter recht ordentlich mit Schildern versehen.

Vorbei an einem größeren Schilfbestand, genießen wir den Blick über dieses Naturdenkmal zur Burg Lichtenberg und die dahinter sanft ansteigenden Löwensteiner Berge.

Unser gepflegter Radwanderweg führt nun an Oberstenfeld etwas vorbei. Wir biegen daher links ab, über die Hauptstraße und erhaschen mit einem Blick noch rechts das alte, 1986 renovierte *Bahnhofsgebäude*.

Der Kern von Oberstenfeld weist ansehnliche Häuser, mit und ohne Fachwerk, auf, ist verkehrsberuhigt und lädt zu Einkauf und Einkehr. Wir sollten uns einen Blick auf die **Damenstiftskirche St. Johannes** nicht entgehen lassen. Die Kirche mit Krypta aus dem 11. Jahrhundert ist an So und Fei von Mai bis Oktober 11.00–13.00 Uhr geöffnet (ggf. sonst Frau Behr, Telefon 0 71 48 / 35 17, Forststraße 6). Die romanische Kirche wurde um 1220 errichtet, hat nach Osten drei Apsiden und gehörte zu einem adeligen Chorfrauenstift, das von seiner Gründung 1016 bis zur Reformation 1540 Bestand hatte. Nach Zerstörung im 30jährigen Krieg lebte das Stift von 1713 bis 1920 wieder auf; die Gebäude dienten bis 1991 als Altenheim, werden nun zu Altenwohnungen, Behindertenwohnungen und Sozialstation.

Wir fahren am anderen Ende des Ortskerns über die Hauptstraße hinweg, biegen nicht gleich in den straßenbegleitenden Radweg ein, sondern etwa 100 m weiter nach links in den Eselsweg. So kommen wir ruhig, vorbei an Gärten und Obstwiesen, zum Eingang des großen **Mineralfreibads**, das beheizt ist und eine lange Wasserrutsche aufweist: gut für eine längere Pause.

Während dieser können wir uns Gedanken über *Streuobstwiesen* machen: 1988 begann in **Oberstenfeld** und in **Beilstein** eine „Projektgruppe Streuobstwiesen" damit, Obst von ungespritzten Bäumen auf ungedüngten Wiesen zu recht hohen Preisen anzukaufen. Der daraus gepreßte Saft erlebt bisher besten Absatz. Und das trägt zum Erhalt dieser für ganz Schwaben, Baden, aber auch Franken und Bayern typischen Landschaftsform bei.

In **Beilstein** benutzen wir nur kurz die Hauptstraße, biegen wieder nach links ab und am Ende dieser Straße rechts. Auf ruhigen Nebenstraßen gelangen wir mit der Wegweisung des Neckar-Alb-Radwanderweges an den nördlichen Ortsrand und können dann den straßenbegleitenden linksseitigen Radweg benutzen.

Wer in Beilstein hinauf zur **Burgruine Hohenbeilstein** will, muß dafür sicher eineinhalb oder mehr Stunden einplanen: für den Anstieg mit **Weinlehrpfad**, für den schönen Rundblick, für etwas Muße, den Vorführungen der Falkner zuzuschauen.

Unser Weg überwindet nun die Wasserscheide zwischen Bottwar und Schozach. Am Gefälle in Richtung **Ilsfeld** dürfen wir uns schon bald erfreuen. Über eine Nebenstraße hinweg, unter der Autobahn Stuttgart—Heilbronn hindurch kommen wir in den Ort. Dort die erste Straße rechts ab, die nächste gleich wieder links. Der Beschilderung folgend kommen wir auf der Südseite der Schozach, auf zum Teil schmalen Wegen durch Ilsfeld. Nach den Sport- und Reitanlagen (Einkehr möglich) befinden wir uns wieder auf der Trasse der alten Bahn.

Ihr Teil von Beilstein nach Heilbronn ging erst 1902 in Betrieb. Es folgen nun einige sehr idyllische Kilometer Talfahrt auf schmalem Weg, der meist mit demselben Material geschottert ist, das nun wieder talabwärts zum Vorschein kommt: Muschelkalk. Wir sehen große *Steinbrüche*, der Kalk ist doch vielseitig nutzbar. Auch die Terrassen und die Steinriegel an den oben, zum Teil durchgehend bewaldeten Hängen passen hierher: Indiz für ehemaligen Weinbau!

Vorbei an einer meist am Wochenende bewirtschafteten Hütte geht es nach **Talheim**. Immer geradeaus, benutzen wir kurz die Hauptstraße, um sie aber bald wieder nach links zur Radroute hin zu verlassen.

Wenn wir nicht sofort weitergefahren sind, bleibt wohl Zeit, zu dem letzten erhaltenen von einst bald einem Dutzend ländlicher Schlösser und Herrensitze zu gehen: Die *„Obere Burg"* zeigt noch einen Rundturm und Reste der Schildmauer. Talheim war beim Adel so beliebt, weil sein Wein so gut war und ist.

Hinter Talheim passieren wir eine ampelgeregelte Kreuzung mit der B 27 und kommen abermals an einem Steinbruch sowie Weinbergen vorbei. An einer Wegegabelung biegen wir rechts ab Richtung „Stadtmitte Heilbronn", verlassen die alte Bahntrasse. Nach einem kleinen Anstieg geht es links, erst parallel zur Ortsumgehung der B 27 um Sontheim, dann nach rechts über diese Straße. Wieder links, kommen wir schnell in den Kern von **Sontheim**. Die Straße wird gequert, und es führt der mit Wegweisung versehene Radweg Richtung Innenstadt **Heilbronn** immer am Neckarufer weiter. Wählen wir an einer Gabelung den linken Weg, so kommen wir durch den **Wertwiesenpark**:

Das schöne Gelände geht auf eine Gartenschau zurück und wird heute gerne von vielen Menschen zur Naherholung aufgesucht. Auch am städtischen *Freibad* kommen wir vorbei.

Sonst bietet sich noch ein Abstecher in die Innenstadt an. Wir radeln aber erst noch weiter geradeaus, bis wir auf den **Götzenturm** zusteuern. Er ist ein Rest der mittelalterlichen Stadtbefestigung. Im Gegensatz zu seinem Namen diente dieser Turm dem Ritter Götz von Berlichingen jedoch nicht als Gefängnis. Das war der Bollwerk- oder Diebsturm am nördlichen Ende der Altstadt.

Vom Götzenturm rechts in die Allerheiligenstraße, schon sind wir bei den historischen Baudenkmälern Deutschordenshof, Kilianskirche, Käthchenhaus am Marktplatz.

Fehlt es uns an Zeit, so biegen wir beim Götzenturm nach links über die Brücke und erreichen auf ruhigen Straßen – Holzstraße, Olgastraße, Roßkampfstraße – in wenigen Minuten den **Bahnhof.** Von dort aus fahren etwa jede Stunde Eil- und Nahverkehrszüge nach Stuttgart.

Tour 6

Backnanger Bucht, Steinheimer Urmensch und des Neckars schönste Schleifen

Nellmersbach – Murrtal – Steinheim – Freiberg/Neckar – Besigheim (– Bietigheim)

Aus der Backnanger Bucht, die vom Welzheimer Wald, dem Mainhardter Wald und den Löwensteiner Bergen umgeben und gegen kalte Nord- und Ostwinde gut geschützt wird, zieht unsere Route hinunter in die Täler der Murr und des Neckar. Fruchtbare Felder am Anfang, überraschend naturnahe Talabschnitte an der Murr und sogar am Neckar, oft ebene Strecken und vieles anzuschauen: in Steinheim Menschheits- und Klostergeschichte, bei Hessigheim bizarre Felsgebilde, zum Schluß mit Besigheim eine trutzig wirkende, alte Stadt. Und fast am gesamten Weg Weinberge, zum Teil äußerst steil, ja malerisch, aber nur mit viel „Manpower" zu bearbeiten.

Start: S-Bahnhof Nellmersbach (S 3, 30-Minuten-Takt)

Ziel: Bahnhof Besigheim (Eil- und Nahverkehrszüge in etwa stündlicher Folge)

Streckenlänge: 49 km bis Besigheim, 56 km bis Bhf Bietigheim

Schwierigkeitsgrad: mittelschwer

Bemerkung: Die waldarme Strecke ist an heißen Sommertagen mit viel Sonne nur bedingt zu empfehlen.

Karten: Landkreis Ludwigsburg, TK 1 : 50 000 (Marzahn-Verlag)

Vom S-Bahn-Halt Nellmersbach wenden wir uns parallel zur Bahn nach Norden und fahren bis zum **Stiftsgrundhof.** In dem Weiler und an der nächsten Kreuzung biegen wir links ab.

Nach und nach eröffnet sich ein schöner Blick nach dem anderen: in die Backnanger Bucht nach Osten, zu den sie umkränzenden Bergen des Naturparks Schwäbisch-Fränkischer Wald, auf den spitzen Kirchturm von Burgstetten-Erbstetten, zu den Löwensteiner Bergen im Norden und zum Stromberg im Nordwesten.

Vor dem Weiler **Neugereut** biegen wir abermals links ab. Nach **Erbstetten** hinein führt neben der Landstraße ein Fuß- und Radweg, an den Sportplätzen vorbei. Gleich am Ortseingang eine kleine Abkürzung: links die Gartenstraße, 30 m rechts, und wir sind wieder auf der Landstraße, bzw. dem Weg nebendran nach Burgstetten-**Burgstall**, beiderseits der Murr.

Das *Murrtal* zeigt von Burgstall abwärts seinen ganzen Charme. Wie an vielen Flüssen, die sich in den Muschelkalk tief eingeschnitten haben, gibt es bis Kirchberg nur die Bahnstrecke und einen Weg. Wir Radler (und natürlich Wanderer) schätzen dies.

Auf der Hauptstraße in Burgstall noch über die Murrbrücke, dann von der Straße links ab und auf dem Wirtschaftsweg im **Murrtal** bleiben. Nach rund einem Kilometer durch Felder, an Kläranlage und Waldrand vorbei, geht der geteerte in einen geschotterten Weg über. Jetzt ein Stück zu schieben, lohnt sich.

Die Murr wird hier durch den von Süden einmündenden Buchenbach – er kommt aus den *Berglen* und ist bereits in Winnenden ein sehr ansehnliches Gewässer – nach Norden abgedrängt. Die Folge davon: ein steiler Prallhang, bröckelnde Muschelkalkfelsen und ein kleiner, gleichsam in der Luft hängender Seitenbach. Direkt unter seinem Wasserfällchen erkennen wir traubig-unregelmäßig wachsende Quellkalke, Zeichen für die starke Kalksättigung des Wassers aus diesen Schichten.

Nur rund 400 m nach diesem *Naturdenkmal* ist die Schiebe- oder Holperstrecke vorüber, und der Weg führt wieder glatt bis **Kirchberg**.

Wiesen auf der einen Seite, auf der anderen ein schöner Waldrand mit Buchen, Eichen, hin und wieder einer Kiefer, Holunder- und anderen Büschen, später durch alte Weinbergterrassen untergliederte Streuobstwiesen und Gärten. Der heute noch betriebene *Weinbau* läßt nun nicht mehr lange auf sich warten. Wenn wir von Kirchberg aus Richtung Steinheim wieder die

68

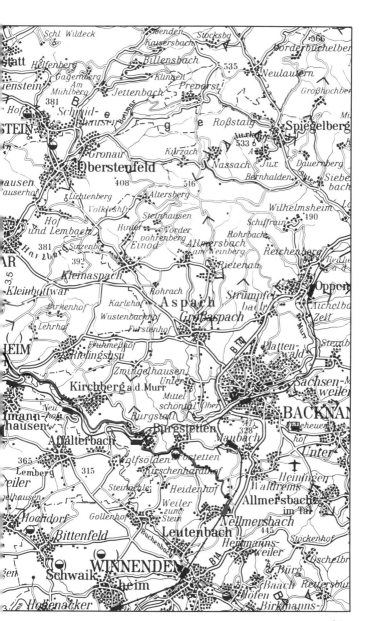

Landstraße oder den durch hohe Bordsteine leider entwerteten Fuß- und Radweg daneben benützen, sind rechts am Südhang immer wieder steile Weinberge zu sehen.

Vorsicht dann an der Kreuzung: Die vorfahrtberechtigte Landstraße von Backnang nach Marbach ist zu überqueren, und wir suchen uns jenseits den Weiterweg links der Landstraße nach Steinheim. Schmal, doch etwas ab vom Verkehr führt er bis knapp 1 km vor Steinheim, dann leitet ein Brückchen über die Murr, wir erreichen die Stadt links des Flusses und sind – erneut über eine Brücke – schnell am Rathaus und an der Martinskirche.

Steinheim an der Murr wies schon in der Römerzeit eine Siedlung auf, doch es ist anzunehmen, daß bereits vor 250 000 Jahren eiszeitliche Jäger öfters hier ihr Lager aufschlugen. Zahlreiche Tierreste, darunter gut erhaltene Skelette von Riesenhirsch, Steppenbison, Wald- und Steppenelefanten aus den mächtigen Murrschottern belegen dies – und vor allem der 1933 in der ehemaligen Kiesgrube Sigrist aufgefundene *Homo steinheimensis*. Urgeschichtsforscher haben rekonstruiert, um wen es sich dabei gehandelt hat. Einer Frau von etwa 25 Jahren wurde mit einem stumpfen Gegenstand der Schädel so verletzt, daß sie daran starb. Dieser profane Tod, die gute Erhaltung und die Bedeutung für die Menschheitsgeschichte waren Anlaß genug, das **Urmenschen-Museum** einzurichten. Es hat offen: Di bis Fr 10.00–12.00 und 14.00–16.00 Uhr, Sa So und Fei 10.00–12.00 und 14.00–17.00 Uhr. Von Oktober bis März ist jeweils nur bis 16.00 Uhr geöffnet.

Auch das **Rathaus** neben dem Renaissance-Brunnen ist eine nähere Betrachtung wert. Auf dem Steinsockel von 1580 sind Hochwassermarken angebracht. Fast unglaublich, was die gezähmten Flüßchen Murr und Bottwar schon zustande gebracht haben. Zuletzt 1970 staute sich die Flut so hoch, daß nicht nur das Erdgeschoß des Rathauses, sondern zahlloser umliegender Häuser unter Wasser stand. Das Rathaus hat schönes Fachwerk von 1686 und eine überdachte Außentreppe.

Als Einlage bietet sich ein historischer, gut ausgeschilderter **Stadtrundgang** ab dem Rathaus an. Er führt zum **Museum für Kloster- und Stadtgeschichte.** Wenig weiter, in der Siedlung am rechten Bottwarhang, findet sich

Ökologie-„Unterricht" im Remstal bei Waiblingen (Tour 7)

Klosterkirche Lorch (Tour 8)

Das Reichenbachtal – Zugang zum Schurwald (Tour 9)

die **Gedenkstätte** für den **Urmenschen**. Das Schädelpro-
fil in Bronze ist so plaziert, daß man sich die Fundsituation
in der Kiesgrube vorstellen kann. Die Straßennamen hier,
Fritz Berckhemer und *Karl Dietrich Adam*, verweisen auf
zwei verdiente Forscher.

Zu Fuß zurück zum Rathaus, wieder auf die Räder, über
die Murr, den Marbacher Weg rechts und auf dem als
Landesradwanderweg bezeichneten Wirtschaftsweg
nach **Murr.** Davor unterqueren wir die neue Umgehungsstraße. Am Rand des Ortes und am Sportgelände halten
wir uns links, erreichen – immer links vom Fluß und
erneut unter der Umgehungsstraße durch – den Überweg über die Landstraße Steinheim – Marbach. Zwischen
Neckar rechts, der stark befahrenen Straße links und unter
dem Eisenbahnviadukt der S-Bahn Marbach – Ludwigsburg (Abkürzung der Tour hier oder in Benningen) hindurch kommen wir zum Steg über Schwabens Haupt-
gewässer, den Neckar.

Wer **Marbach**, die über dem Fluß gelegene alte Stadt,
Geburtsort Friedrich Schillers, besuchen will, muß erst
entlang der Hauptstraße bergan fahren. Dann wird es
ruhiger, über steile Anliegerstraßen rechts ab kommen
wir in den historischen Stadtkern mit Schillers Geburtshaus (Niklastorstraße 31, täglich geöffnet von 9.00–17.00
Uhr), langgestrecktem Marktplatz und Oberem Torturm.

Freunde der Literatur finden im **Schiller-Nationalmuseum** mit
dem **Deutschen Literaturarchiv** südlich der Marbacher Altstadt
reiche Bestände an Handschriften, Briefen und Dokumenten
von deutschen, vor allem schwäbischen Dichtern. Der Bau von
1902/03 hoch überm Neckar erinnert an Schloß Solitude.

Ob mit oder ohne Abstecher nach Marbach, wir benutzen
den Neckarsteg zwischen Marbach und Benningen.

Unser Vorschlag bis Besigheim folgt dem Neckar abwärts,
mal links, mal rechts des Flusses. Zunächst nach dem
Steg rechts, durch einen verkehrsberuhigten Bereich bis
zur Hauptstraße. Auch in **Benningen** lohnt ein Abstecher:
Wir fahren nach dem Steg weiter geradeaus, aufwärts bis
zum Rand der Siedlung, die Goethestraße schräg rechts

bis zum Bahnhof, dort die Unterführung auf die Seite des Rathauses und des Römerkastells hin.

Hier sind in ansprechendem Rahmen römische Funde aufbereitet (Mo bis Fr 10.00–12.00 Uhr, Di zusätzlich 15.00–18.00 Uhr). Neben dem Rathaus wurden etwa 30 m der römischen Straße Benningen – Bad Cannstatt konserviert.

Talwärts fahren wir dann an der Kirche vorbei Richtung Neckar. In der Ludwigsburger Straße, nur etwa 100 m vom Neckar entfernt, befindet sich das ehemalige Gasthaus Adler, eine einstige Bleibe für Kutschenreisende, das heute das **Heimatmuseum** beherbergt (geöffnet So 10.30–12.00 Uhr, 14.00–16.00 Uhr, in den Ferien und an Feiertagen geschlossen).

Auf der Hauptstraße über den **Neckar**, gleich danach links, an einer Baustoffirma rechts vorbei und weiter auf dem Wirtschaftsweg rechts des Neckar. Unter malerischen Felspartien, die aus dem steilen Weinberg zu wachsen scheinen, zwischen Obstbaumwiesen und -gärten geht es rasch bis zur Landstraße Pleidelsheim – Freiberg. Diese überqueren, danach links, wieder über den Fluß, der hier in zwei Arme geteilt ist.

Der nördliche, kanalisierte Lauf muß für die Schiffahrt stets ausreichende Wasserführung aufweisen. Der südliche Altarm hat so mit Schwankungen zu leben, die diesem Naturschutzgebiet aber besonderen Reiz verleihen: kleinere, felsige, auch kiesige Inseln, üppige Flora, viele Wasservögel.

Gleich nach der Brücke weist das Zeichen roter Balken (HW 10 des SAV) nach rechts. Auch Radler folgen ihm, und so kommen wir durch das Sport und Freizeitgelände von **Freiberg** mit mehreren Einkehrmöglichkeiten.

Noch ein Stück ganz nah am Fluß, später auf einem ruhigen Anliegerweg inmitten der wieder breiteren Auwiesen, wohin sich bei hohem Wasserstand Amphibien, Wasservögel und nässeliebende Pflanzen zurückziehen können.

Am Rand von **Großingersheim** für etwa 100 m die Landstraße rechts, dann wieder links Richtung Gewerbegebiet Talstraße, weiter beschildert in Richtung Kleiningersheim.

Die kleine Anliegerstraße passiert ein Weingut und einen Hof, die Rebenhänge links werden steiler, mit fast atemberaubenden Staffeln zwischen den Terrassen. Sicher harte Arbeit in den nicht rebflurbereinigten Weinbergen, aber ein harmonischer Anblick. Von **Kleiningersheim** sieht man lange fast nichts, außer dem auf der vordersten Kante thronenden *Schloß*. Auf einst größerem Burgenrest in der Renaissance erbaut, ist es heute Sitz des Schiller-College und nicht zu besichtigen.

Am Talhof vorbei, eine Serpentine scharf links aufwärts, nach wenigen hundert Metern auf eine Rampe. Dort rechts und mit einem erneuten Linksschwenk bis an den Nordrand von Kleiningersheim. – Herrscht gerade wenig Verkehr und wollen Sie möglichst nah am Neckar nach Besigheim radeln, dann können Sie einfach die Landstraße von hier über Schreyerhof (Einkehrmöglichkeit), in Hessigheim auf die andere Neckarseite und unter den bekannten *Hessigheimer Felsengärten* entlang benutzen.

Unseres Erachtens von größerem Reiz ist aber die andere Route, reiht sie doch einige beeindruckende Stellen am Neckar innerhalb weniger Kilometer zwanglos aneinander. Als erstes den Salenwald mit der gleichnamigen Aussichtskanzel, dann das Besigheimer Hörnle, nur die Hessigheimer Felsengärten bekommt man nicht so nah mit wie auf der rechten Neckarseite. Aber um dieses oft überlaufene Schaustück mit seinen bizarren Felstürmen richtig zu genießen, müßten Sie eigentlich vom Fahrradsattel in die Wander- oder Kletterschuhe steigen.

Vom Ortsrand Kleiningersheim auf der westlichen Seite der Landstraße gleich wieder auf einem Wirtschaftsweg weiter, noch mit Wegweisung, vorbei am Wasserbehälter, und an der T-Kreuzung rechts ab, in den Wald hinein und an der nächsten Gabelung links, bis nach einer Gefällstrecke der Wanderweg mit dem Zeichen rotes Kreuz spitzwinklig von rechts einmündet.

Das ist gleichzeitig die Steilkante zum Neckar hin, wo unter Naturschutz viele für einen schattigen Kleebwald typische Pflanzen gedeihen, so im zeitigen Frühling der Blaustern.

Zur erwähnten **Salenkanzel**, einem tollen Aussichtspunkt, sind es auf dem nicht zu schmalen Weg scharf nach rechts nur wenige hundert Meter (auf demselben Weg auch wieder zurück). Zum nächsten Aussichtspunkt halten Sie sich einfach möglichst nah an der Kante auf guten Wegen bis zum Rand der Wartturmsiedlung. Dort aber nicht hinein, sondern vorher rechts.

Das Naturdenkmal **Besigheimer Hörnle** (Informationstafel) besticht durch die Heideflora auf trockenem Muschelkalkboden. Von der Kante aus sieht man ausgezeichnet auf die Hessigheimer Felsengärten, die Neckarschleifen, den Kraftwerksturm von Walheim, auf Besigheim sowie hinüber zum Stromberg.

Vom Hörnle auf einem Anliegerweg durch schöne Obstbaumwiesen und -gärten nach Westen, leicht abwärts, bis zuletzt die Ingersheimer Landstraße und die obere Turmstraße ans südliche Ende der **Besigheimer Altstadt** führen. Bei der abknickenden Vorfahrt geradeaus und gleich schräg rechts, aber am besten für ein längeres Stück schieben, denn wir „erobern" uns Besigheim praktisch „falschrum", entgegen der Einbahnrichtung in der Turmstraße, an der Schule vorbei und durch den engen Durchlaß zwischen *Steinhaus* und *Schochenturm*.

Schnell sind wir mittendrin in einer der malerischsten Städte des Kreises Ludwigsburg. Auf einem schmalen Rücken zwischen Neckar und Enz drängt sich der alte Kern mit gut erhaltenen Teilen der Stadtmauer und der staufischen Burg am Oberen Turm/Schochenturm und dem Steinhaus von etwa 1220. Zu dieser Zeit besaßen die Markgrafen von Baden Besigheim, bis 1463 ungestört. 1595 kam die Stadt nach mehrmaligem Besitzerwechsel endgültig an Württemberg. – An sehenswerten Gebäuden ist kein Mangel, etwas Zeit für einen Bummel sollte man mitbringen: für das spätgotische *Rathaus* mit feinem Fachwerk, zahlreiche Häuser aus dem 17./18. Jahrhundert am Marktplatz und in den engen Straßen und Gassen, viele in den letzten Jahren renoviert.

Über die Enzbrücke unterhalb der Altstadt und die Bahnhofstraße sind wir schnell am **Bahnhof Besigheim.** Wer möchte, kann noch weitere 7 km, anfangs im Tal der Enz auf der östlichen Uferseite bis nach **Bietigheim** radeln und erst dort Zug oder S-Bahn besteigen.

Tour 7

Von Stuttgart auf „grünen Pfaden" ins Remstal

Stuttgart-Mitte – Bad Cannstatt – Mühlhausen – Neckarrems – Waiblingen – Schorndorf

Stuttgarter, Waiblinger, Remstäler fühlen sich mitten im Herzen Württembergs, vielleicht sogar Schwabens, ansässig. Wollen wir einmal ergründen, ob diese Einschätzung berechtigt ist. Automobil hin, Elektrotechnik her, den wirtschaftsstarken mittleren Neckarraum zeichnen auch geschichtliche Tatsachen aus: Vor über 1000 Jahren aus einem Pferdegestüt im sumpfigen Nesenbachtal hervorgegangen, entwickelte sich Stuttgart zur Residenz der württembergischen Grafen, Herzöge, Könige und ist heute eine Stadt mit knapp 600 000 Einwohnern. Dichter Straßenverkehr, kaum erschwinglicher Wohnraum, soziale Probleme können das landschaftlich reizvolle Bild der „Großstadt zwischen Wald und Reben" nicht völlig überdecken.

Wir radeln gemächlich durch einen Schenkel des 1993 mit der Internationalen Gartenschau geschaffenen „grünen U", machen einen Abstecher ins gegenüber Stuttgart weitaus ältere Bad Cannstatt, folgen den Uferwegen am schwäbischen Hauptfluß und erreichen die Remsmündung. Entlang diesem rechten Neckarzufluß kommen wir nach Waiblingen. Hier gingen im Mittelalter mächtige Geschlechter wie die kaiserlichen Staufer ein und aus, wechselte vom 13. Jahrhundert an die Herrschaft mehrmals, brannte im Dreißigjährigen Krieg fast alles nieder. Als Sitz des Rems-Murr-Kreises verwaltet der Waiblinger Landrat ein landschaftlich und von der Bevölkerung her kontrastreiches Gebiet: vom dicht mit Orten gespickten Remstal, in dem Wein und Obst bestens gedeihen, zu den Höhen des Schwäbischen Waldes. Unser Ziel ist Schorndorf, einst als Bollwerk der Württemberger äußerst stark befestigt.

Start: Stuttgart-Mitte, Schloßplatz, ist aus allen Richtungen gut zu erreichen; mit der S-Bahn bis Stadtmitte oder Hauptbahnhof

Ziel: Bahnhof Schorndorf (S 2, 30-Minuten-, abends 60-Minuten-Takt sowie Eilzüge)

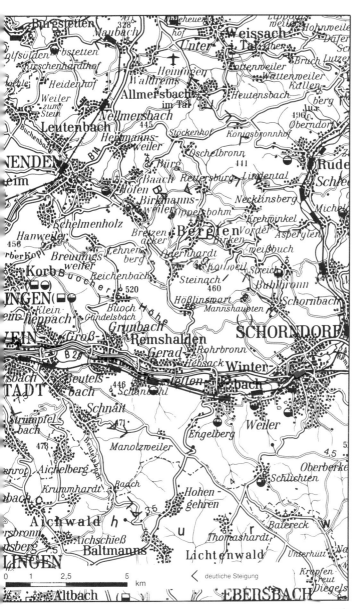

Länge: 48 km

Schwierigkeitsgrad: leicht, lediglich eine nennenswerte Steigung am untersten Lauf der Rems, sonst immer an den Flüssen entlang

Bemerkung: Die Tour kann nach Lust, Laune und Wetter oder Fitneß beliebig im Remstal verlängert oder auch zwischen Waiblingen und Schorndorf an jedem Bahnhof vorzeitig beendet werden. In Kombination mit Tour 8 oder 9 ist ein schönes, kontrastreiches Zweitages-Programm leicht möglich.

Karten: Stuttgart und Umgebung, Göppingen, Geislingen, beide TK 1:50 000 (LVA), Großer Radfahrerstadtplan 1:20 000 (ADFC/RV-Verlag)

Stuttgarter finden sicher mit dem Rad auf relativ ruhigen Routen zum Zentrum. Zum Teil müssen brauchbare Radwege, z.B. entlang der Fritz-Elsas-Straße oder der Holzstraße herhalten, um zum Schloßplatz zu gelangen.

Wenn Sie mit der S-Bahn die Station **Stadtmitte** erreicht haben und aus dem Untergrund aufgetaucht sind, am Ausgang Büchsenstraße rechts die Rampe hoch, über die Calwer Straße schieben bis zur Kronprinzstraße, dort den Radweg links und die Sackgasse bis zur Wendeplatte fahren, dann schräg rechts zwischen hohen Geschäftshäusern auf den weit sich öffnenden **Schloßplatz** wieder schieben.

Dabei kommen wir automatisch auf das **Neue Schloß** zu, einem ausgedehnten Bau, der die Ludwigsburger Residenz um 1750 in ihrer Funktion abzulösen begann. Am barocken Stuttgarter Schloß wurde seinerzeit lange gearbeitet, ein Teil brannte 1762 ab, der halbfertige Bau blieb lange Zeit fast eine Ruine. Dann doch noch fertiggestellt, im Zweiten Weltkrieg zerstört, dient das Neue Schloß heute wieder repräsentativen Zwecken, beherbergt auch Landesministerien und bietet Platz für Konzerte. Wenden wir den Blick nach rechts, dann ist vom Schloßplatz aus das mittelalterliche Stuttgart in wenigen Sekunden zu erfassen: **Altes Schloß**, die Türme der **Stiftskirche**, die Alte Kanzlei mit der **Merkursäule** daneben – ein beliebtes Kalendermotiv. Die nach dem Zweiten Weltkrieg entstandenen modernen Bauten treten am Schloßplatz nicht so auffällig in Erscheinung wie in manchen Straßenzügen der Innenstadt.

Nun der andere Weg: mit der S-Bahn am **Hauptbahnhof** angekommen, hilft ein Aufzug in die Ebene der Klett-Passage, von welcher aus der Zugang direkt zum Park Richtung Bad Cannstatt und damit unserer Route folgt.

Einen Teil des *„grünen U"* bilden die an Wochenenden stark besuchten Anlagen zwischen der Stadtmitte und dem Neckartal. Es hat einige Mühen gekostet, sie wenige Jahre nach der Bundesgartenschau 1977 für Radler offiziell befahrbar zu machen. In diesem Zusammenhang stimmt es uns Autoren doch sehr nachdenklich, daß immer wieder akute Überlegungen angestellt werden, dieses an allenfalls 10 Stunden in der Woche problematische Radlerrevier ganz den Fußgängern zurückzugeben. Sollte es nicht möglich sein, zu einem verträglichen Nebeneinander zu kommen, indem sehr flotte Radler Passanten eben *nicht* so rasant überholen?

Der Weg durch die Schloßgarten-Anlagen führt uns vom **Schloßplatz** kommend um das *Neue Schloß* herum, vorbei am *Landtag* und *Großem* und *Kleinem Haus des Württembergischen Staatstheaters* – der Eckensee mit Fontäne bleibt links liegen – und zum **Schillersteg**, der stark frequentierten, elegant über die vielspurige Schillerstraße geschwungenen Verbindung von den **Oberen** zu den **Mittleren Anlagen**.

Sonntags bei schönem Wetter nehmen Sie auf der ganzen Strecke bitte große Rücksicht. Zweifellos sind die breiten, gepflegten Wege die beste Möglichkeit, um nach Bad Cannstatt zu radeln.

In die Mittleren Anlagen fahren wir direkt vom Hauptbahnhof (siehe oben) oder wie beschrieben vom Schloßplatz. Nun auf dem östlichen Weg, vorbei am Landespavillon und dem Planetarium, später der Lusthausruine, die früher als vollständiges Gebäude auch am Schloßplatz stand, bis zur breiten Brücke über die Cannstatter Straße. Wir kommen über sie in den **Unteren Schloßgarten**, halten uns weiter an den breiten Weg, vorbei an Spielplatz, kleiner Gaststätte mit viel Platz im Freien, biegen am See links ab und gleich wieder rechts, um nach einer schwachen Steigung das Schloß Rosenstein zu erreichen.

Was dieser Park für die Luft und die mitten im Stadtgebiet nötige Naherholung bedeutet, merken Sie schnell beim gemächlichen Radeln, unter hohen Bäumen und zwischen Wiesen. Weitläufig ist er, trotzdem droht ihm seit Jahren eine Verkleinerung, weil allerlei Ansprüche an das vermeintlich unerschöpfliche Flächenpotential gestellt werden.

Herrlich in Aussichtslage auf dem hohen linken Neckarufer erbaut, mutet das **Schloß Rosenstein** älter an, als es ist. König Wilhelm I. von Württemberg hatte seinen Baumeister Salucci beauftragt, ein „Landhaus" zu erbauen. 1824 bis 1829 dauerten die Arbeiten, südlich schließt sich heute noch ein kleiner Gartenpark an. Schloß Rosenstein beherbergte lange Zeit als einzige Möglichkeit umfangreiche Sammlungen heimatlicher Tiere und Pflanzen. Prunkstück ist der bei Steinheim an der Murr geborgene eiszeitliche Steppenelefant, dessen gewaltiges Skelett die Eingangshalle beherrscht. Schloß Rosenstein ist offen: Di bis Fr 9.00–17.00, So und Fei 10.00–18.00 Uhr. Seit etwa zehn Jahren ergänzt das Museum am Löwentor, am nördlichen Ende des Rosensteinparks, diese Sammlungen: In ihm ist Platz für eine moderne und ansprechende Darstellung der Erdgeschichte und vieler aus Baden-Württemberg stammender, spektakulärer fossiler Funde.

Hinter dem Schloß geht es auf einer offiziell als Fußweg bezeichneten kurzen Gefällstrecke in Richtung *Neckarufer* und Tierpark *Wilhelma*. Wir biegen scharf nach rechts ab und queren die B 10 über den Wilhelmasteg, dann den Fluß über den langen holzgedeckten Steg, ehe auf der anderen Seite, wieder links, flußabwärts ganz legal geradelt werden darf. Eine dank drei Ampeln etwas langwierige Überquerung der Hauptstraße leitet uns weiter am rechten Neckarufer zum Zugang in den alten Kern von **Bad Cannstatt** bei der Wilhelmsbrücke. Nach rechts über die Ampel sind wir gleich in der Fußgängerzone oder beim herrlichen Fachwerkhaus des Klösterle, das mit dem Cannstatter Stadtmuseum verbunden ist.

Den Abstecher in die ehemals selbständige Stadt rechts des Neckar können Sie nach Belieben gestalten. Wichtig ist es zu wissen, daß die Römer links des Neckar ein Kastell unterhielten, daß hier eine Töpferei aus jener Zeit kräftig produziert haben muß, daß 1845 die erste Eisenbahnstrecke Württembergs von Cannstatt nach Eßlingen gebaut wurde. Und noch ein ganz anderes Element, bis heute von Bedeutung: Bad Cannstatt weist an die 20 genutzte **Mineralquellen** auf, die zu einem europaweiten Ruf als Bade- und Kurort geführt haben.

Wieder zurück am rechten Neckaruferweg können wir uns der Beschilderung des „Radel-Thon" anvertrauen. Ein Stück weit folgen wir diesem Weg, der über 80 bucklige km rund um Stuttgart führt. Es geht weiter flußabwärts, linker Hand der Mühlgrün, ein vor ein paar Jahren renaturiertes Stück Ufer. Am **Mühlsteg** queren wir den Neckar. Auf der anderen Seite gleich rechts und am Kraftwerk und der Müllverbrennungsanlage entlang.

Auf der rechten Neckarseite steigen felsdurchsetzte Hänge empor. Dort im Muschelkalk ist es so steil, daß eine Rebflurbereinigung, die auf fast allen Keuperhängen der Umgebung stattgefunden hat, nicht lohnt. So blieb die überlieferte Form des terrassierten, mit Trockenmauern gestützten Weinbergs erhalten. **„Cannstatter Zuckerle"** – wer hat den netten Namen nicht schon gehört? Der Wein vom Zuckerberg stammt aus einer württembergischen Spitzenlage. Zu denken gibt allenfalls, daß die Abgase der Müllverbrennung, wenn auch katalytisch gereinigt, es nicht weit haben bis zu jenen Weinbergen . . .

Wir bleiben auf dem linken Neckaruferweg, begegnen sicher auch Ruderern beim Training, unterqueren in einer komfortablen Unterführung die Straße zur Aubrücke und kommen auf die Anliegerstraße (Austraße), die uns bis **Mühlhausen** leitet.

Zuvor aber links der *Lößaufschluß* „Keefertal", wo sich im Windschatten des Schnarrenbergs aus eiszeitlichen Schotterflächen hergewehter, staubfeiner Löß erhalten hat. Die Fruchtbarkeit großer Gebiete um Stuttgart – Filder, Strohgäu, Langes Feld und andere mehr – ist mächtigen Lößböden zu verdanken. Erneut unter steilen Weinbergen geht es dann weiter.

Aufgefallen ist uns natürlich der wenige Jahre junge Max-Eyth-Steg, der den netten Spitznamen „ 's Golden Gatele" erhalten hat. Über ihn kämen wir auf die rechte Flußseite und zum Max-Eyth-See, einem Dorado für Wassersportler. Dank abgesperrter

Zonen fühlen sich auch zahlreiche Arten von Zugvögeln wohl, von denen manche sogar ihr Winterquartier hier nehmen. Vielleicht sind Sie einmal so früh dran, daß Sie – mit Fernglas und vogelkundlichem Führer „bewaffnet" – einige Beobachtungszeit verbringen. An Wochenenden überlassen wir die Seeseite aber lieber den vielen Spaziergängern.

Die Austraße heißt auf der Markung Mühlhausen Arnoldstraße. Wir verfolgen sie nach einer Rechtsbiegung links abbiegend bis zur Mönchfeldstraße. Dort rechts ab und auf Höhe der Endhaltestelle der Stadtbahnlinie 14 die Hauptstraße zu einem Fußweg hin queren. Wir gelangen wieder auf den Neckaruferweg, der ein Stück weit auf dem Damm geführt wird und Schotterbelag aufweist.

Etwa einen Kilometer weiter fahren wir am **Hauptklärwerk Mühlhausen** entlang: 163 qkm Einzugsgebiet, etwa 600 000 Einwohner plus viele Industriegebiete, sie alle hängen an der riesigen Kläranlage und geben den zahlreichen Becken und Filteranlagen etwa 85 Mio. Kubikmeter (damit wären 100 Fußballfelder 100 m hoch mit Abwasser bedeckt) jährlich zu reinigen.

Remseck-Aldingen streifen wir nur, halten uns an den Radweg neben der Landstraße, unterqueren bei der großen Straßenkreuzung am Rand von Remseck-Neckargröningen die Landstraße von Ludwigsburg nach Waiblingen und benutzen dann einen auffälligen **Holzsteg** mit Glasdach über den Neckar. Auf der rechten Seite in *Remseck-Neckarrems*, fahren wir aber nicht über den zweiten Steg, der die unterste Rems auf ebenso elegante Art überspannt, sondern geradeaus über die Straße und befolgen die Radwegweiser Richtung Waiblingen. Wir bleiben auf der linken Seite der Landstraße und erklimmen den einzigen nennenswerten Anstieg der Tour. Der schmale Weg weitet sich weiter oben zu einem straßenparallelen Wirtschaftsweg, bis wir **Hegnach** erblicken können.

Dabei geht es einmal sehr nah an den Steilhang heran, den Prallhang einer weiten Schleife der unteren Rems. Das herrliche Stück Tal ist zum Wandern ideal. Radler sollten sich den schmalen Weg am Fluß durch das Naturschutzgebiet nicht vornehmen und sich auf den Eindruck von oben her beschränken.

Auf der Höhe vor Hegnach gabelt sich der Weg in 3 Stränge. Wir wählen den mittleren, der direkt in den Ort führt. An einer Kreuzung schräg rechts über die Querstraße in die Friedenstraße und weiter bis zur Hauptstraße. Diese nach links, schon nach 100 m und einer Bushaltestelle wieder nach rechts in Richtung **Hegnacher Mühle.**

An der Abzweigung wird uns zum erstenmal das kleine, gelbe Schild mit der Wegweisung für den Remstal-Rad- und Wanderweg begegnen. Es leitet von hier für den gesamten Rest der Tour bis Schorndorf und gegebenenfalls darüber hinaus bis an die Kreisgrenze vor Lorch. Weil offenbar auf Vollständigkeit geachtet wird, finden Sie auch nach Abstechern in die Orte die gelben Schildchen mit blauem Symbol recht gut wieder.

Zunächst leicht, zwischendurch auch stärker abwärts und zweimal links haltend bringt unser Weg, eine Anliegerstraße, einige schöne Ausblicke in den weiten Bogen der Rems. Bei der Hegnacher Mühle queren wir die Rems und folgen ihr nach rechts, entgegen ihrem Lauf.

Wie tief das Tal ist, merken wir nach der nächsten Biegung, wenn wir die imposante Brücke der Bahn Richtung Backnang-Murrhardt-Nürnberg unterqueren. Das recht naturbelassene Stück Remstal ist hier inmitten der dicht besiedelten und intensiv landwirtschaftlich genutzten Umgebung ein Rückzugsraum für selten gewordene Tier- und Pflanzenarten. Davon zeugt eine „Wildbienenwand" der Biologie-AG, die von Schülern des Salier-Gymnasiums im nahen Waiblingen erarbeitet wurde. Das gesamte Tal unterhalb der Straße, an die wir anschließend kommen, bis zum Rand von Neckarrems ist Naturschutzgebiet – immerhin rund 7 Kilometer. Dort finden sich ausgeprägte Kontraste: steile Hänge mit längst aufgegebenen Weinbergen, Halbtrockenrasen mit Heidevegetation einerseits, mit Streuobstwiesen und Feldern auf sanft geneigtem Gelände andererseits. Dann gibt es aber auch Stellen, an denen der steile Hang die meiste Zeit im Schatten liegt. Hier wächst herrlicher Laubwald mit der typischen Flora am Boden wie: Stinkende Nieswurz, Blaustern (Scilla) oder Lerchensporn, um nur drei Arten von Frühblühern zu nennen. Und direkt am Fluß konnte sogar Auenwald überleben, der auf größere Wasserspiegelschwankungen angewiesen ist.

An der bereits erwähnten Straße fahren wir rechts über die Rems, biegen aber nach der Brücke gleich wieder links ab und erreichen, vorbei an einer Fabrik und dem städtischen Freibad, **Waiblingen.** Halten wir uns, entgegen der Radwegweisung, immer in Fahrtrichtung rechts des Flusses, so kommen wir problemlos in die Altstadt.

Der erste, auffällige Fachwerkbau rechter Hand beherbergt das **Städtische Museum.** Das „Große Haus an der Rems", in der Weingärtner-Vorstadt gelegen, wurde von 1987 bis 1991 aufwendig saniert, gilt selbst als wichtigstes Ausstellungsstück der Stadtgeschichte und brachte der Stadt Anfang 1993 einen europäischen Preis für vorbildliche Sanierung ein. Geöffnet hat das Museum Di bis So von 11.00–13.00 und 15.00–17.00 Uhr.

Schauen Sie sich auch einmal in der unmittelbaren Umgebung des Museums um: Die kleinen, zum Teil liebevoll renovierten, zum Teil etwas „vergammelten", meist mit Fachwerk erbauten Häuser zeugen davon, daß die Wengerter, auf hochdeutsch Weingärtner, allenfalls einen bescheidenen Wohlstand erwirtschaften konnten. Ob es heute noch einen einzigen aktiven Weingärtner in Waiblingen gibt, entzieht sich unserer Kenntnis.

Ohne groß suchen zu müssen, kommen Sie in wenigen Minuten an manche höchst sehenswerte Plätze und Gebäude, zum Teil historisch, zum Teil erst wenige Jahre jung: zum Beispiel an das alte Rathaus, das im Dreißigjährigen Krieg zerstört und Mitte des 18. Jahrhunderts neu erbaut wurde. Oder in ein modernes Geschäftszentrum zwischen Langer Straße und Am Stadtgraben, das architektonisch reizvoll Alt und Neu verbindet.

Von der Stadtbefestigung aus staufischer Zeit (um 1100) sieht man Reste am Hochwachtturm, und auch am unteren Ende, zur Rems hin, beim Brückentorturm oder **Beinsteiner Tor**, ziehen sich ansehnliche Mauern um die Altstadt.

An der letztgenannten Stelle verlassen wir die Stadt wieder, queren die Rems und setzen die Tour auf einem Radweg flußaufwärts fort. Steigungen sind aber so gut wie nicht zu spüren, zwischen Schorndorf, unserem Ziel, und Waiblingen weist die Rems gerade 30 Meter Gefälle auf. – Noch in Waiblingen passieren wir das *Bürgerzentrum,* das *Hallenbad* und ein Stück künstlich gestalteter

Talaue, bevor wir vor der *Rundsporthalle* rechts abbiegen und auf einem schmalen Steg abermals den Fluß queren. Die Wegweisung für Radler „Remstalweg" oder auch Richtung Endersbach und Schorndorf können wir hier beachten, kommen so zur „Geheimen Mühle" und erneut über die Rems. Wer Muße hat, biegt gleich nach der Brücke rechts ab in einen schmalen Weg auf der Flußdammkrone. Zu Fuß läßt sich hier an den Tafeln des **Flußlehrpfades** einiges über die Rems, ihre Uferflora und die Wasserfauna erfahren. Bänke laden auch zur Rast.

Andernfalls folgen wir den Radwegweisern zuerst durch Beinstein, dann entlang dem felsigen Abhang, bis sich beide Wege wieder an der Rems treffen.

In **Großheppach** weichen wir von der beschilderten Route ab und fahren auf recht ruhigen Straßen durch den Ortskern: Vorbei an einem schönen Fachwerkbau, der Häckermühle mit Restaurant, und am Rathaus von 1605 geht es auch an der abknickenden Vorfahrt auf der *Grunbacher Straße* weiter geradeaus. Bevor sie jedoch aus Großheppach herausführt, biegen wir nach rechts in den **Heuweg** ein, unterqueren die „Remstal-Autobahn", die breit und für hohe Geschwindigkeiten ausgebaute B 29, und folgen sofort wieder links der Wegweisung des Remstal-Radweges.

Zunächst noch einige Baumstücke, dann freies Feld, am Fluß nur ein schmaler Streifen mit Büschen, ab und an auch Reihen höherer Bäume – es ist nicht zu übersehen, wie intensiv Nutzung und Ansprüche in und an das Remstal hier sind. Natürlich kommt das auch vom völlig anderen Charakter: Im Teil unterhalb Waiblingen sind Siedlungen gar nicht sinnvoll. Jetzt, zwischen Waiblingen bis weit oberhalb Schorndorf, breitete die Rems ihre Aue in geologischen Zeiten weit aus und wand sich vor der Regulierung in immer neuem Verlauf träge dahin. Fruchtbare Böden im Tal, für den Wein- und Obstbau gut geeignete Hänge nicht zu starker Neigung auf beiden Seiten, das mußte ja die Menschen anziehen. Den Fluß zwischen Dämmen zu bändigen und seine Aue weitgehend landwirtschaftlich zu nutzen, war und ist eins. Daß in den letzten dreißig bis vierzig Jahren ungeheure Flächen überbaut wurden, ist die Kehrseite der

Medaille. Schauen Sie sich einmal Luftbilder mit Vergleichsaufnahmen aus den 50er oder 60er Jahren an – es wird Sie nicht nur im Fall des Remstals ein tiefer Schrecken treffen!

An einem schönen Tag im Frühling wird uns das kaum auffallen. So fahren wir zum Schluß ganz nah an der Rems nach **Grunbach** hinein, an der Straße wenige Meter links und gleich wieder rechts, könnten rechter Hand, so wir wollten, ins Museum des Sängerdirigenten Gotthilf Fischer gehen. Sonst fahren wir weiter geradeaus.

Erst in **Geradstetten** überqueren wir die Rems wieder, fahren nach der Brücke angesichts S-Bahn-Station, Freibad, Sportplätzen und Einkehrmöglichkeit weiter oder legen eine Pause ein. Der gerade Weg zwischen Rems, Gartenanlagen und Bahnstrecke führt nach **Winterbach**.

Im schön sanierten Ortskern stehen ganz nah beieinander die Kirche auf einem leichten Hügel, das alte evangelische Pfarrhaus, das alte und das neue Rathaus, viele Fachwerkhäuser und moderne Skulpturen. Wenn Sie Mitte Juni dort sind, fällt Ihr Tourentag vielleicht auf einen der drei oder vier Tage, an denen die Winterbacher ihr jährliches Brunnenfest feiern, an dem es unter anderem internationale Spezialitäten zu essen gibt.

Wir kehren nach einem möglichen Abstecher in den Ortskern dorthin zurück, wo wir von Geradstetten her auf die Hauptstraße in Winterbach gestoßen sind. Diese nur kurz links und gleich wieder rechts durch die *Neue Gasse* kommen wir in die aufgelockerte Bebauung, einmal rechts in den *Langen Weg* und stets geradeaus bis nach **Schorndorf.** Vor der Stadt umrunden wir noch ein Klärwerk, stoßen dann auf die *Weiler Straße,* in die wir links einbiegen. Dort fahren wir bis über einen Kreisverkehr hinweg und benutzen dann die *Grabenstraße* parallel zur Nordseite des **Bahnhofs.** Um zu den Zügen Richtung Stuttgart zu gelangen, müssen wir noch wenige hundert Meter weiter, ehe wir durch eine Unterführung zur Südseite des Bahnhofs auf die Seite der sehenswerten **Altstadt** gelangen.

Vielleicht reicht die Zeit noch für einen Bummel oder zur Einkehr in eines der Lokale, die von Cafés über Szene-Treffs bis zu

Schimmelhüttenweg hoch nach Degerloch (Tour 11)

Oder bequemer: mit der Zahnradbahn 200 m höher (Tour 11)

Filder = Felder = Kraut aller Art (Touren 11 und 12)

Weiher im stillen Schaichtal (Tour 13)

internationalen Speisen in allen Schattierungen vertreten sind. Der historische Kern der bereits 1299 ummauerten Stadt, wovon heute aber nur geringe Reste erhalten sind, drängt sich um den langgestreckten **Marktplatz** mit einigen beeindruckenden Fachwerkhäusern und um die spätgotische **Stadtkirche**, die von Alberlin Jörg begonnen, von Hans von Urach vollendet wurde. Jörg war auch der Baumeister der Stuttgarter Stiftskirche und von St. Peter und Paul in Weil der Stadt. – In Schorndorf bewiesen 1686 die Frauen der Stadt unter der Führung von *Barbara Künkelin* großen Mut. Im Pfälzischen Erbfolgekrieg eroberten französische Truppen unter General Mélac große Teile Württembergs, wollten auch Schorndorf einnehmen. Trotz herzoglichen Übergabebefehls blieben Schorndorfs Tore geschlossen und die Stadt unversehrt, weil die Frauen es so wollten und die Franzosen sich auf eine längere Belagerung nicht hatten einlassen wollen.

Gottlieb Daimler wurde in Schorndorf geboren; sein Geburtshaus hat nur dienstags geöffnet. Auch *Reinhold Maier*, der erste Ministerpräsident des Landes, zählt zu den Söhnen der Stadt zwischen Schurwald und Welzheimer Wald.

Tour 8

Von Staufergräbern hinauf zum Römerkastell und Limes

Lorch – Welzheim – Murrhardt – Backnang

Bis auf den Start in Lorch, das im Ostalbkreis liegt, bewegen wir uns auch bei dieser Tour im Rems-Murr-Kreis. Gegenüber Tour 7 bekommen wir hier eine ganze andere Seite des Kreises mit: dünnbesiedeltes Bergland, meist von dichten Wäldern bedeckt, darin eingeschnitten wildromantische Klingen mit mächtigen Felsen, über die Wasser rieselt oder fällt. Auf den Höhen sind viele Flächen frei, erlauben vom Boden her den Feldanbau.

Wir fahren entlang der „Straße der Staufer", von denen einige in der Klosterkirche Lorch begraben sind. Einen „Sprung" gut tausend Jahre zurück machen wir innerhalb weniger Meter, wenn wir ebenfalls am Kloster Lorch vor dem rekonstruierten Wachturm des obergermanischen Limes stehen. Das römische Weltreich versuchte lange Zeit, sich gegen Germanen und andere Völker aus dem Norden und Osten zu sichern. Von 150 bis 260 n. Chr. gelang das auch. Weitere Befestigungsmauern am schnurgeraden Limes finden wir in und um Welzheim und bei Kaisersbach. Dort wird auch der höchste Punkt dieser sportlich anspruchsvollen Tour erreicht: 560 Meter – der Bahnhof Lorch liegt auf 290 Meter. Dann kommen wir in das Quellgebiet der Murr, eine hügelige Region, die uns stellenweise an den Schwarzwald oder das württembergische Allgäu erinnert. Die letzten gut 20 Kilometer führen zunächst nach Murrhardt hinunter, dem Zentrum des Naturparks Schwäbisch-Fränkischer Wald. Bis hierhin wird weniger geübten Radlern einiges abverlangt. Am Ende entlang der Murr bis Backnang besteht die Strecke aber aus weitgehend ebenen Wegen und kleinen Nebenstraßen.

Start: Bahnhof Lorch (Bahnlinie 786, Eilzüge jede Stunde, zum Teil mit Gepäckwagen; auch S-Bahn bis Schorndorf, dann Nahverkehrszug; Fahrzeit von Stuttgart 35 bis 55 Minuten)

Ziel: Bahnhof Murrhardt (Linie 784, Eilzüge etwa jede 2. Stunde) oder Bahnhof Backnang (S 3, 30-Minuten-, abends 60-Minuten-Takt, oder Eilzüge)

Länge: 55 km

Schwierigkeitsgrad: schwer

Bemerkung: An warmen Tagen nehmen Sie am besten Badesachen mit. 2 Badeseen unterwegs und das Backnanger Freibad am Ende der Tour laden ein.

Karte: Naturpark Schwäbisch-Fränkischer Wald, TK 1:50000, Blatt 28 (LVA)

Bereits vom Bahnhof **Lorch** aus sehen wir den Turm des Klosters, unseres ersten Ziels. Wer Stärkung oder Vesper für unterwegs braucht, sollte gleich im Ort einkaufen, weil es dann länger nichts gibt. – Wir verlassen den Bahnhof nach Osten, biegen nach 100 m für ein kurzes Stück links auf die „Straße der Staufer" ein, überqueren die Bahn und die Hauptstraße. Schon geht es an den ersten, nicht zu steilen Anstieg, auf oder neben der Straße Richtung Alfdorf – Welzheim. Nach wenigen Minuten ist

Kloster Lorch erreicht, in dem nach dem Zweiten Weltkrieg ein Altenheim untergebracht wurde. So weit weg vom Ort, wie die guten alten Leute hier leben, so sehr freuen sich manche, wenn wir Radler uns nicht nur Zeit für die Kirche und das Heimatmuseum nehmen, sondern auch ein wenig „schwätzen".

Fast genau an dem Platz, wo sich der Obergermanische und der Rätische Limes treffen, steht das Kloster. Gegründet im 11. Jahrhundert von Benediktinern und bald von den Staufern zur Grablege bestimmt, weist nur noch ein Türsturz am Westportal auf frühere römische Bauten hin. Im Bauernkrieg 1525 ziemlich mitgenommen, danach aber doch wiederaufgebaut, sind uns in der Klosterkirche die Gebeine einiger Mitglieder der kaiserlichen Familie der Staufer überliefert. Sie ruhen in einer Tumba in der Mitte des Kirchenschiffs, die 1475 die früheren Grabmäler ersetzte. In den Stein gehauen sind zwar Stauferwappen und Reichsadler, doch die zwei berühmtesten staufischen Kaiser konnten nie in den ihnen zugedachten Gräbern bestattet werden. Friedrich I. Barbarossa starb in Kleinasien, und Friedrich II.,

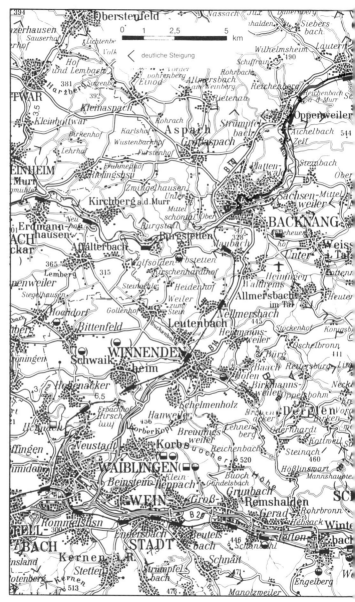

94

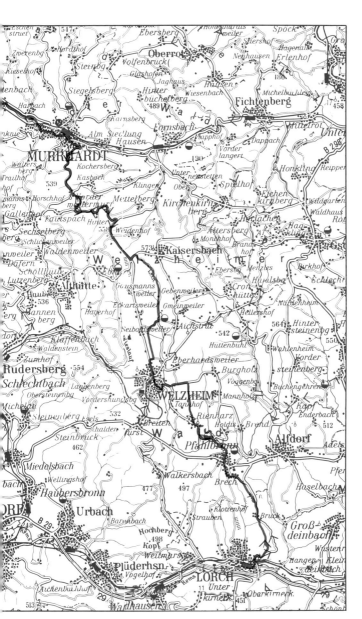

den letzten Stauferkaiser, begrub man in Palermo auf Sizilien. Dennoch sind auch diese zwei wenigstens als Wandgemälde auf den Pfeilern da – aber Jahrhunderte später in der Kleidung der Renaissance von einem Künstler des 16. Jahrhunderts verewigt.

In **Kloster und Heimatmuseum** wird unter anderem an die Dichter Friedrich Schiller und Eduard Mörike erinnert, die zeitweise in Lorch lebten. Öffnungszeiten: Mo bis Sa 9.00–16.00 Uhr, So 9.30–16.00 Uhr, in der Sommerzeit jeweils bis 17.00 Uhr.

Neben dem Kloster steht ein rekonstruierter **römischer Wachturm** aus Holz, den man besteigen kann. Der Rätische Limes führte in genereller Ost-West-Richtung von der Donau nahe Kelheim, nördlich dem Hesselberg entlang und an Ellwangen und Aalen vorbei bis nach Lorch. Über große Strecken war er gemauert, im Volksmund stets „Teufelsmauer" geheißen. Genau auf dem Hügel, wo jetzt das Kloster steht, ließen die römischen Strategen die gewaltige Grenzbefestigung schnurstracks nach Nordnordwesten weiterbauen. Rund 80 Limeskilometer weit, über den gesamten Welzheimer und Mainhardter Wald, im Hohenlohischen und im östlichen Odenwald, trifft man immer wieder auf Spuren im Gelände, die einen ganz anderen Stil der Schanzung beweisen: Man hob einen Graben aus, daneben wurde ein Wall angehäuft und das Ganze mit einem dichten Palisadenzaun versehen. In regelmäßigen Abständen und an erhöhten Punkten mit weiter Sicht kamen Wachtürme mit mehreren Stockwerken dazu. Dieser Limes erfüllte über hundert Jahre seinen Zweck, ehe das schwach gewordene Römische Weltreich seine Nordostgrenze so nicht mehr sichern konnte. Um 260 überwanden die auch von den Römern nie besiegten Germanen die Grenze und drängten die römischen Soldaten zurück. – Wir werden noch mehr rekonstruierte Bauten des römischen Militärs sehen, besonders bei Welzheim.

Um dorthin zu gelangen, wartet aber ein ordentliches Stück Arbeit auf uns: Erst auf dem Weg neben der Landstraße gut 100 m aufwärts, dann diese nach links überquerend, kommen wir am Waldrand zur sehr steilen *Alten Welzheimer Straße*. Wir halten uns rechts und brauchen uns, bereits im Wald, nicht zu schämen, wenn vernünftiges Fahren trotz vieler kleiner Gänge nicht mehr möglich ist. Steigen Sie einfach ab, die sicher 15 % steile Steige ist bald zu Ende. Nach ein paar hundert Metern Kies kommt auch wieder ein asphaltiertes Stück, die Steigung wird geringer, und wir haben vom Remstal an gemessen innerhalb kurzer Zeit gut 170 Meter Höhe überwunden, vom Kloster immerhin über 130 Meter.

Hier oben auf den Höhen des **Welzheimer Waldes** müssen wir immer wieder mit kurzen Abfahrten und Anstiegen rechnen. Dafür eröffnet sich an vielen Stellen ein hervorragender Blick: über die näheren Täler, die fast durchweg dicht bewaldet sind, und über die waldfreien Verebnungen – ihr Untergrund besteht aus Gesteinen des Unterjura, auf dem fruchtbarere Böden entstehen konnten. So finden sich alle bedeutenden Ansiedlungen des Welzheimer Waldes und auch des nördlich benachbarten Mainhardter Waldes auf diesen Höhenzügen. Nur auf ihnen ist Landwirtschaft mit Feldanbau in nennenswertem Umfang möglich.

Vielleicht ist nach dem steilen Anstieg ein kurzes Päusloin nötig; dafür eignet sich schön ein Platz im Wald, unter mächtigen Wellingtonien, die als Naturdenkmäler ausgewiesen sind. Danach geht es ein paar Meter flott bergab, ehe wir auf die Landstraße stoßen, auf ihr ansteigend den Weiler **Bruck** durchfahren. Anschließend können wir gleich wieder links der Straße den Wirtschaftsweg benutzen, kommen bald von der Straße weg und direkt an eine Hangkante, von der aus wir Blicke wie die oben beschriebenen haben. Wieder entlang der Straße, bleiben wir links auf einem schmalen Weg, kommen zur **Kaiserlinde** und biegen bei dem mächtigen Einzelbaum nach links ab Richtung **Brech** und **Pfahlbronn**.

Der letztgenannte Ortsname sagt es schon, wir sind wieder am Limes. Ganz genau erreichen wir seinen alten Verlauf,

wenn wir in Brech an der ersten Rechtskurve der Ortsdurchfahrt nach links in die Nebenstraße *Im Bohnenacker* einbiegen. Etwa 200 m weiter wieder rechts kommen wir in die Riedstraße, die dem Verlauf des alten Grenzwalls folgt. Dann sehen wir noch Namen wie „Pfahlstraße" oder „Am Römergraben" und sind zumindest in Gedanken fast 2000 Jahre zurückgesprungen.

Vorne die Ortsdurchfahrt benutzen wir für etwa 100 m nach links, ehe es rechts ab auf der Rienharzer Straße leicht ansteigend aus Pfahlbronn hinaus geht. Vorbei am Wasserturm erwartet uns die erste längere Abfahrt dieser Tour. In wenigen Minuten sind wir durch den Wald und im hier noch schmalen **Leintal**. Unten ein paar hundert Meter nach rechts zum **Eisenbachsee**, wo ein Kiosk und eine schöne Bademöglichkeit auf uns warten.

Die **Lein** ist neben der Wieslauf weiter im Westen der wichtigste Fluß im Welzheimer Wald. Sie fließt zunächst generell nach Osten, um bei Abtsgmünd, nahe Aalen, unvermittelt in den nach Nordwesten ziehenden Kocher abzuknicken. Die südwestdeutsche Landschaftsgeschichte lehrt, daß auch der Kocher vor Millionen von Jahren ein Nebenfluß der Donau war, also von Nordwesten nach Südosten entwässert hat. Recht groß ist das Einzugsgebiet am Oberlauf der Lein. Und wenn starke Regenfälle schlagartig viel Wasser auf die zunehmend versiegelte Erde prasseln lassen, so kann Hochwasser ein Flüßchen wie die Lein mächtig anschwellen lassen. Ältere Regenrückhaltebecken wie der Eisenbachsee, schon über 30 Jahre alt, sind an den Ufern dicht bewachsen und wirken deshalb wie natürliche Gewässer. Uns freut solch ein See sicher, denn weit um Stuttgart gibt es das ja kaum.

Sollten wir keinen Abstecher zum Eisenbachsee gemacht haben, dann ist die mäßig ansteigende Straße nach **Rienharz** unser Weg weiter Richtung Welzheim. – Haben Sie auf der Wiese am See gelagert, so probieren Sie bei trockenem Wetter den mit rotem Balken bezeichneten Wanderweg zur Weiterfahrt bzw. um ein Stück weit hinaufzuschieben. Oben führt er dann als Feldweg eben nach Rienharz. – Dort in der Ortsmitte rechts abbiegen, wo uns ein Radwegweiser nach Welzheim schickt.

Nun sind wir wieder auf der Hochfläche, deren Entstehung und Nutzung bereits angesprochen wurde. Grünland, Getreide, an den Hängen zu den Tälern Wälder – alles in stetem Wechsel, und manche Fernblicke zu den Kaiserbergen, zum Albtrauf von Aalens Hausberg, dem Braunenberg, bis hinter Reutlingen, wo sich Achalm, Roßberg, bei sehr guter Sicht sogar der Hohenzollern am Horizont abzeichnen.

Vorbei an einem Segelfluggelände und einem Naturfreundehaus gelangen wir nach **Welzheim**. Dort biegen wir die erste Straße links ab und erkennen unser Ziel an dem Namen „Kastellstraße".

Mit Graben, Wall, Palisadenzaun und durchschnittlich alle 600 Meter einem Wachturm war die Sicherung des Limes allein nicht zu gewährleisten. Die Soldaten und Kundschafter in römischen Diensten brauchten ja Unterkünfte, Kasernen, Kastelle eben. Welzheim besaß davon gleich zwei, zum einen das heute überbaute Westkastell für etwa 500 Reiter.

Wir stehen jetzt aber vor dem **Ostkastell**, das eine Fläche von 1,6 Hektar überdeckt. Durch das massiv aus behauenen Feldsteinen wiederaufgebaute Westtor betreten wir das Innere und erkennen die regelmäßige Anlage. Außer der Begrenzung durch eine Rosenhecke fallen zahlreiche Weihesteine, Skulpturen, Votivtafeln und andere Stücke auf. Bis 1993 in mehrjähriger Arbeit aus dem ganzen Land herangeschafft und aufgestellt, machen sie aus dem Ostkastell zusätzlich einen Archäologiepark zu den Themen Religion und Totenkult. Nicht zu verachten ist auch das, was vor hundert Jahren von der damaligen Reichslimeskommission lokalisiert und in den sechziger und siebziger Jahren unseres Jahrhunderts zu Tage gefördert wurde. Man grub die Reste eines typischen römischen Bades aus, mit Komfort für kühles und warmes Naß sowie das berühmte heiße Dampfbad. Angesichts dessen, daß die etwa 200 Mann Besatzung des Ostkastells das Areal selten oder nie verlassen durften, wundert es nicht, wenn sie sich in solch vorgeschobener Position das Leben so angenehm wie möglich machten.

Für ihr Essen hatten die Soldaten selbst zu sorgen. Entsprechend zahlreich waren die Funde wie Töpfe, Näpfe, Reibschalen, Handmühlsteine. Als archäologischer Glücksfall kann ein schon zu Zeiten der Römer alter Brunnen gelten, der zahllose ausgediente Schuhe, Speisereste, Samen von Gemüsepflanzen und Getreide, das uns heute noch bekannt ist, preisgab. Ein achtlos mit Abfall gefüllter Schacht hat so zum Alltag der Römer in Germanien mehr erbracht als vieles andere.

Auch wir können eine Essenspause sehr gut mit dem Besuch des Kastells verbinden, ehe es weiter durch die Stadt Welzheim geht: Über die Goethestraße gelangen wir zur teils verkehrsberuhigten Ortsdurchfahrt und verlassen die Stadt nach Norden auf der Landstraße Richtung **Kaisersbach**, biegen bald rechts in einen Wirtschaftsweg und dann wieder links ab.

1991 erfolgte Welzheims Anerkennung als Luftkurort, 1992 erreichten die Ozonwerte an 64 Tagen Höhen über dem Grenzwert, die sonst keine Meßstation in ganz Baden-Württemberg aufgewiesen hatte. Schuld daran sind zum einen Industrie um Stuttgart und zum anderen der im ganzen Land auch an schönen Sommertagen kaum nachlassende Autoverkehr. Und dann trifft es gerade einen Ort, der aufgrund seiner Lage zur Erholung in würziger Luft eigentlich prädestiniert erscheint ...

Auf der Anhöhe nördlich Welzheim angelangt, steht der Rest des römischen **Kleinkastells „Rötelsee"**.

Seine Kantenlänge von weniger als 20 m bei quadratischer Form, umgeben von einem schwach ausgeprägten Graben, ließ Platz für eine Handvoll Leute, mehr als in den normalen Wachtürmen, aber natürlich viel weniger als in den großen Kastellen. Die Soldaten hatten die freie Limesstrecke zu sichern.

Wir fahren dann auf dem Wirtschaftsweg weiter nach Norden, bis eine schmale Straße uns nach rechts abwärts zum **Aichstrutsee** leitet.

Er ist der am weitesten oben im Leintal gelegene Hochwasser-Rückhaltesee und ein sehr beliebtes Badeziel. Denkbar wäre auch, jenseits der Lein aufwärts nach *Gmeinweiler* zu fahren, um im *Vergnügungspark „Schwabenpark"* einige Zeit zu verbringen. Ob es uns dazu wohl reicht?

Unser Weg geht weiter das Leintal leicht aufwärts, zweigt gleich nach dem Damm des Sees links ab, am Gasthaus (Do Ruhetag) vorbei, dort wieder links und dann auf einem schönen, teils geschotterten, teils geteerten Waldweg angenehm die ganz junge **Lein** entlang bis zu ihrem **Ursprung** in 550 m Höhe.

Nicht weit von dem Brunnen stoßen wir schließlich auf die Straße nach **Kaisersbach,** biegen in sie links ein, an der Landstraße wieder rechts und sind in wenigen Minuten bei dem restaurierten **römischen Wachturm** am höchsten Punkt unserer Tour. Leicht zu erkennen ist hier auch der Limes, der sich im Wald als Wall mit Graben abzeichnet, im spitzen Winkel zur Straße nach Murrhardt.

Wenn wir noch etwas Zeit haben und uns auf eine mögliche Wanderung einstimmen wollen, können wir einen knappen Kilometer weiter die Räder links am Straßenrand abstellen: Genau dort, wo der mit dem WW-Zeichen blaues Kreuz versehene Weg links in den Wald führt, sind es nur wenige Meter bis zur beeindruckenden **Gallengrotte**; stellvertretend für viele Felsbildungen am obersten Lauf von Bächen in den mächtigen Keupersandsteinen, zeigt sie, was einen Schönes erwartet, wenn man das Stahlroß mit Schusters Rappen vertauscht.

Ohne Abstecher kommen wir gleich in den Genuß einer langgezogenen Abfahrt auf der nicht zu stark befahrenen Straße. Es wird, spätestens nachdem wir die nächste Nebenstraße nach links Richtung Schloßhof und Hinterwestermurr abgebogen sind, noch ruhiger: Auf dem kurvigen Sträßlein mit einigen Abfahrten und kernigen Anstiegen wird es uns nie langweilig.

Dazu ist die kleinräumig untergliederte Landschaft mit ihrem steten Wechsel von Wald, Grünland, Streuobstwiesen um die kleinen Ansiedlungen, zerschnitten von Bächen, die alle der hier noch sehr jungen Murr zueilen, viel zu abwechslungsreich.

An der Westermurrer Sägemühle biegen wir rechts ein und erreichen schnell **Vorderwestermurr**. – Wie all die Namen andeuten, ist der **Murrursprung** nicht weit: gleich nach den steilen Metern in den Ort nach links liegt das schöne Plätzchen, ideal auch zum Rasten oder Vespern.

Wer allerdings einkehren möchte, sollte sich das „Gaststüble Murrquelle" nicht entgehen lassen. Ausgezeichnete Hausmannskost zum Vespern, gewaltige Kuchen oder auch jede Menge gutes Apfelsaftschorle gibt es für durstige Radlerkehlen (Fr, Sa ab 16.00, So ab 9.30 Uhr geöffnet).

Danach geht es auf direktem Weg zuerst durch den Ort und nach einem kurzen Gegenanstieg steil abwärts nach Murrhardt. Nicht nur wegen der engen Kurven, sondern auch um die sich öffnenden Aussichten auf die von Wäldern und Strcuobstwiesen umgebene Stadt im Murrtal zu genießen, sollten wir nicht „rasen".

Die Straße führt uns ins Zentrum von **Murrhardt** und auf der Hauptstraße fast geradeaus zum Bahnhof, falls Sie die Tour hier beenden wollen. Ob Sie nun hier oder nach einer weiteren Radelstunde immer im Tal den Zug besteigen wollen, es empfiehlt sich ein Abstecher zu Punkten in Murrhardt, die schnell etwas von dem Reiz vermitteln, der vom Zentrum des Naturparks ausgeht.

Beginnen wir bei der ehemaligen **Klosterkirche**: Um 800 lebte der Einsiedler Walterich in den Ruinen eines römischen Tempels auf einem Hügel, der heute die **Walterichskirche** und den Friedhof trägt. 816/17 gründete er im Auftrag des fränkischen Herrschers Ludwig des Frommen ein Benediktinerkloster. Dort steht die Klosterkirche, heute evangelische Stadtkirche, und an sie angebaut die kunsthistorisch bedeutende, wirklich bezaubernde **Walterichskapelle** aus der staufischen Zeit. Sie ist sehr klein, nur so groß wie ein Zimmer, überragt aber ihre Mutterkirche an Berühmtheit. Grund sind die reichlichen Ornamente an bald jedem Bauelement: Blüten, Ranken, zum Teil sehr modern anmutend, obwohl aus dem Jahr 1230.

Natürlich lebt man in Murrhardt nicht vom Besuch der Kunstfreunde allein. Zu den bedeutenden Gewerbebetrieben zählt eine weltweit tätige Fabrik für Waagen aller Art, und in der Stadt und ihren vielen Teilorten sind manche holzverarbeitende Betriebe angesiedelt.

Widmen wir uns zum Abschluß des Bummels Dingen, die mit Natur, Politik und Kunst zu tun haben: Zum Beispiel im **Informationszentrum** des Naturparks, Am Marktplatz 5, geöffnet Mo bis Fr 8.00–12.30, Mo und Do 14.00–18.00, Di und Fr 14.00–16.30 Uhr. Was man unterwegs eher zufällig aufschnappen kann, wird hier noch vertieft. – Vielleicht noch mehr gilt dies für das **Carl-Schweizer-Museum.** Das private Museum beherbergt eine umfangreiche naturkundliche und heimatgeschichtliche Sammlung. Am besten lassen Sie sich durch eine Führung von der mit viel Liebe gestalteten Ausstellung bezaubern. Die Öffnungszeiten sind von Karfreitag bis 31. 10. an Mo bis Fr von 11.00–12.00 und 16.00–17.00, Sa 11.00–12.00

und 15.00–17.00, So und Fei 10.00–12.00 und 14.00–17.00 Uhr (Telefon 0 71 92 / 54 02).

Schließlich soll auch die Murrhardter Familie **Nägele** erwähnt werden. Ferdinand Nägele war als Schlossermeister der einzige Handwerker, der 1848 in Frankfurt in das deutsche Parlament gewählt wurde. Sein Sohn Eugen tat sich als Förderer des Wanderns hervor und zählte zu den Gründungsmitgliedern des Schwäbischen Albvereins.

Noch eine Generation jünger ist Reinhold Nägele, Maler und Graphiker, der 1884 hier geboren wurde, im Dritten Reich als „entarteter Künstler" galt, nach Amerika auswanderte und erst 1962 nach Murrhardt zurückkehrte. 1972 ist er verstorben und wurde auf dem Friedhof bei der Walterichskirche begraben. Werke von Reinhold Nägele sind unter andorom in der neuen, schön gebauten **Stadtbücherei** zu sehen, in der die **Städtische Galerie** untergebracht ist. Wir finden dieses Kulturzentrum zwischen der Klosterkirche und dem Hügel mit der Walterichskirche und haben zu den Öffnungszeiten der Stadtbücherei Zugang zu den Bildern: Di 10.00–18.00, Mi 9.00–14.00, Do 14.00–19.00, Fr 14.00–17.00, 1. Sa im Monat 10.00–13.00 Uhr. Die Kunstsammlung hat auch jeden Sonn- und Feiertag zusätzlich von 14.00–16.30 Uhr offen.

Mit Dampf nur bei Nostalgiefahrten, sonst bald durchgehend elektrisch betrieben, bringt uns der Zug vom Bahnhof Murrhardt in etwa 45 Minuten nach Stuttgart.

Haben wir indes Zeit und Lust, dann ist als entspannender Ausklang der anfangs recht anstrengenden Tour zu empfehlen, bis Backnang weiter zu radeln: In diesem Fall folgen wir in Murrhardt noch vor Erreichen der Hauptstraße den Radwegweisern in Richtung Sulzbach auf ruhigen Nebenstraßen, vorbei an der Stadthalle, durch ein Siedlungs-, später ein Gewerbegebiet jenseits der Murr bis aus der Stadt. An der Ortsdurchfahrt rechts und kurz vor der Hauptstraße links in einen Wirtschaftsweg, der in meist größerem Abstand zur Murrtalstraße zunächst nach **Schleißweiler** führt. Nach links in diesen schönen, kleinen Ort, beim dreibeckigen Brunnen unter der mächtigen Kastanie rechts, und schon geht es weiter, auf der ausgeschilderten Radroute nach **Sulz-**

bach. Vorbei am Bahnhof – Zustieg in den Zug möglich – und nun immer zwischen Murr und Bahn hinaus aus dem Ort, an der Kläranlage vorbei, durch einen Rest von Auenwald der Murr, die wir entlang dem *Bahnhof Oppenweiler,* auf der Kreisstraße durch Aichelbach und bis **Zell** nicht queren. Erst dort biegen wir bei der Dorflinde rechts ab, hinter der Murrbrücke und der Straße gleich wieder links in den Kirchweg. Dieser geht später in einen Waldweg über, führt in leichtem Auf und Ab – wir entfernen uns ein wenig von der Murr – bis an den Rand des Naturparks, wo auch gleich der Stadtrand von **Backnang** liegt. Ein kleines Stück zuletzt auf einem straßenbegleitenden Radweg, benutzen wir im Stadtteil Plattenwald die Straße, rollen auf oder neben ihr abwärts und sind wieder im Murrtal. Badefreunde erreichen scharf links und etwa 800 m murraufwärts das städtische Mineralfreibad.

Hinein in die Stadt der Gerber und des Leders fahren wir weiter rechts der Murr, zuerst auf einer Nebenstraße, dann nach rechts auf der Hauptstraße bis zur Murrbrücke. Diese queren wir und gelangen in die Backnanger Altstadt.

Obwohl 1693 vollständig von französischen Truppen niedergebrannt, weist Backnang heute wieder einige ansehnliche alte Häuser auf: die Marktstraße aufwärts schiebend kommen wir am Rathaus entlang, sehen am sich weitenden Marktplatz linker Hand das Stadthaus, das ehemalige Schulhaus sowie das Turmschulhaus mit dem gotischen **Stadtturm**, dessen oberste Stockwerke in Fachwerk, die achteckige Form und das pickelhaubenförmige Dach als Wahrzeichen der Stadt dienen. – Zudem fand der Kunsthistoriker Reck vor wenigen Jahren heraus, daß der Stadtturm architektonische Elemente aufweist, die in Südwestdeutschland einmalig sind: Pate habe die Kathedrale von Reims gestanden. – In der Altstadt warten auch einige Einkehrmöglichkeiten auf.

Noch ein paar Meter weiter aufwärts und dann rechts erreichen wir die Bahnhofstraße, über die und die Erbstätter Straße wir schnell am Bahnhof und in der S-Bahn sind.

Tour 9

Schurwald, Kaiserstraße und Remstal

Plochingen – Adelberg – Wäschenbeuren – Lorch – Schorndorf

Im Vergleich zum weit ausgedehnten Welzheimer Wald (Tour 8) ist der Schurwald ein schmaler Höhenzug. Er zieht sich von seinen Ausläufern unmittelbar östlich von Stuttgart – „Eckpfeiler" ist der Rote Berg mit der bekannten Graskapelle – und Fellbach zwischen Remstal im Norden sowie Neckar und Fils im Süden bis fast an den Fuß der Ostalb bei den Kaiserbergen.

Zahlreiche „Hausberge" der Fellbacher, Uhlbacher, Obertürkheimer oder Esslinger geben in ihren unteren Partien einen guten Boden für Reben ab· An Kappelberg, Ailenberg oder Neckarhalde findet sich manch gute Lage. Auf der Remstalseite sind es sonnige Schurwaldabhänge um Stetten, Strümpfelbach oder Schnait, an denen besonders Trollinger und Riesling gedeihen. – Oben, auf dem von zahlreichen kleineren Gewässern zerlappten Kamm des Schurwalds wächst dann viel Wald, Mischwald zumeist. Allerdings liegt zwischen Weinbergen und Wald oft noch ein schöner Gürtel Baumstücke und Streuobstwiesen. Und menschenleer ist der Schurwaldkamm auch nicht. Gemeinden auf den großen Rodungsflächen wie Aichwald, Baltmannsweiler oder Lichtenwald, jeweils mit Teilorten, bieten vielen Platz zum Wohnen und Leben. Zur Arbeit wird aber häufig in die gewerbe- und industriereichen Täler gependelt.

Weil der Schurwald so langgestreckt ist – vom östlichen Stadtrand von Stuttgart bis Wäschenbeuren, das bereits den Übergang ins Albvorland darstellt, sind es über 30 km Luftlinie –, beginnen wir die Tour in Plochingen, mit der S-Bahn gut zu erreichen. Der Anstieg von dort mit über 200 Höhenmetern kostet genug Zeit. Zu schauen gibt es viel, und seien es nur die von der Kaiserstraße, einem alten Weg über die Höhen, sich immer wieder öffnenden Blicke: nach Norden und Süden, vor allem aber nach Osten auf die Kaiserberge Hohenstaufen, Hohenrechberg und Stuifen, denen wir bald sehr nahe rücken

Start: Bahnhof Plochingen (S 1, 30-Minuten-Takt, und Eilzüge)

Ziel: Schorndorf (S 2, Taktzeiten wie Plochingen), Lorch oder als Variante Schwäbisch Gmünd (Eilzüge und Nahverkehrszüge an der gut bedienten Strecke 786 von Aalen nach Stuttgart)

Länge: 60 km

Schwierigkeitsgrad: mittel bis schwer; ein langer, nicht zu steiler Anstieg, später abschnittsweise länger eben oder in leichtem Auf und Ab; einige Kilometer fein geschotterte Wege.

Bemerkung: Von Birenbach bis Wäschenbeuren führt unser Vorschlag ein Stück weit auf dem Radweg, der die ehemalige Bahntrasse Göppingen – Schwäbisch-Gmünd benützt. Dorthin finden Sie immer ohne weiteres, falls Ihre Tour dort endet.

Karten: Göppingen, Geislingen TK 1 : 50 000, Blatt 15 (LVA) und als Ergänzung und Anregung zu weiteren Unternehmungen „Radtouren auf Stauferspuren", Herausgeber Landratsamt Göppingen, erhältlich auch im Buchhandel.

Mit der S-Bahn fahren wir nach **Plochingen**, einem seit dem Mittelalter bekannten Verkehrsknoten und Handelsumschlagplatz.

Schon auf der Fahrt in den Bahnhof hinein sind uns sicher die Hafenanlagen – der Neckar ist bis hier schiffbar – und die vielen Gleise des Güter- und Rangierbahnhofs aufgefallen. Was für florierendes Gewerbe und Weitertransport von Grundstoffen und Gütern aller Art nötig ist, stört uns Radler eher: der an Werktagen starke Lastwagenverkehr. Tun wir den Plochingern nicht Unrecht, schauen wir uns den schönen Stadtkern einmal in Ruhe an – vielleicht auch erst am Ende der Touren 10 oder 11. Nur etwa 200 m vom Bahnhof queren wir die Hauptstraße und orientieren uns zum Markt hin. Dort finden wir in der Fußgängerzone ansehnliche Fachwerkhäuser und einen Brunnen, dessen moderne Figuren an die Neckarfischerei erinnern.

Nun aber die Beschreibung direkt vom **Bahnhof** aus: Vom Bahnhofsplatz gleich parallel zur Bahn durch eine Nebenstraße bis zur Hauptstraße, die Richtung Filstal und Reichenbach führt. Vorbei am *„Regenturm"* des *Hundertwasser-Hauses* fahren wir ein Stück auf der Straße. Vor dem Ortsende vorsichtig auf die linke Seite der un-

Marktplatz, Rathaus und Stiftskirche in Herrenberg
(Touren 13 und 15)

Radlerparadies im Schönbuch (Touren 13 und 14)

Bärlauch en masse im Ochsenbachtal (Tour 14)

nötig (!) breiten Straße – die ehemalige B 10 ist noch nicht zurückgebaut – zu einem parallel geführten Radweg, der außerhalb der Bebauung in einen Wirtschaftsweg übergeht. Am Ortseingang von **Reichenbach** und einer Tankstelle die *Ziegelstraße* gleich links und die *Neuwiesenstraße* wieder rechts. Wir stoßen auf die Karlstraße, fahren auf ihr rechts und am Schulzentrum vorbei bis in die Ortsmitte. Dort die *Hauptstraße* nach links – Stehcafé an Werktagen und Einkaufsmöglichkeiten eventuell nutzen, denn danach kommen etliche Kilometer ohne Ortschaft. Dank verkehrsberuhigter Bereiche kommen wir angenehm ruhig, vorbei an manchem fein renovierten Fachwerkhaus zur *Schorndorfer Straße*. Am Ende der Tempo-30-Zone geht es links, weiter die Schorndorfer Straße, die jetzt Landstraße in Richtung **Lichtenwald** ist.

Vom Ortsende an können wir einen linksseitigen Radweg benutzen, der allerdings streckenweise eher grob geschottert als fein gekiest ist, zusätzlich auch schmal. Aber bald biegen wir ab, auf Höhe des Wanderparkplatzes, verlassen die Straße nach links in Richtung *Bahnmühle*.

Auf zunächst noch geteertem Weg kommen wir in das romantische **Reichenbachtal**. Es ist einer der tiefen Einschnitte in die Hochfläche des Schurwalds, wie wir sie eingangs erwähnt haben. Das trotz seines nur kurzen Laufs schon ansehnliche Gewässer springt, fällt, gurgelt an manchen Stellen über schöne Stufen, die es immer wieder selbst umformt. Dichter Wald an den recht steilen Hängen links und rechts der schmalen Bachaue wechselt mit lichteren Bereichen. Unser Weg steigt gemächlich, hält sich an das Gefälle des Bachs, passiert die von wenigen Wiesen umgebenen Häuser der Bahnmühle.

Nach knapp 3 km Talfahrt mit leichter Steigung kommen wir an eine Wegegabelung. Unser weiterhin gepflegter Kiesweg folgt nun den Wegweisern nach Thomashardt, die nach rechts leiten.

Zunächst unmittelbar neben einem Bach, der uns ähnlich schöne Eindrücke vermittelt wie zuvor der Reichenbach, dann durch Mischwald erreichen wir in sanften Steigungen und nach einigen Biegungen die gerodete und landwirtschaftlich genutzte, zerlappte Hochfläche bei **Lichtenwald-Thomashardt**. Recht

ausgedehnte Vorkommen von Unterjura-Gesteinen spiegeln sich in der Verteilung der Siedlungen wider. Sie haben auch, wie auf den Höhen des Welzheimer Waldes, fruchtbarere Böden hervorgebracht als die ärmeren Sandsteine des Keuper, die den Untergrund der Hänge und Klingen mit viel, viel Wald bilden.

Am Rand von Thomashardt zweigen wir jedoch nach links ab, kommen durch Wiesen mit schönem Obstbaumbestand, Gartengrundstücke und einige Felder auf einem gepflegten Wirtschaftsweg vollends hinauf. An einem Wanderparkplatz neben der Straße von Lichtenwald nach Schlichten stoßen wir auf die Route, die uns für die nächsten rund 10 Kilometer leiten wird: die **Kaiserstraße**.

Wie lange diese auch auf älteren Karten so benannte Straße vom Kernen oberhalb Esslingen bis südlich von Lorch so heißt, entzieht sich unserer Kenntnis. Sicher ist aber, daß der Name mit dem kaiserlichen Geschlecht der Staufer zusammenhängt. In Adelberg, wohin wir bald kommen, schließt sich die *„Straße der Staufer"* fast unmittelbar an. Sie führt über 130 km durch den Landkreis Göppingen, nach Schwäbisch Gmünd und Lorch auch durch den Ostalbkreis. Diese reizvolle Route, bergauf, bergab und 1977 in erster Linie für Autotouristen markiert, ist inzwischen längst um eine Reihe von Vorschlägen für Radler ergänzt worden, die keine Angst vor Bergen haben. Dafür bekommen sie bei vielen der auf Faltblättern dargestellten zwölf *„Radeltouren auf Stauferspuren"* herrliche Eindrücke – Nun aber weiter mit der Kaiserstraße: Die Streckenführung, häufig Wirtschafts- und Waldwege oder -sträßlein, weist auch darauf hin, daß sie aus einer Zeit lange vor der Motorisierung stammen muß. Denn geschickt werden die Höhen des Schurwalds ausgenutzt. Nur dort, wo es sich gar nicht vermeiden läßt, mußten früher die Fuhrwerke, müssen heute Wanderer und Radfahrer etwas hinab in schwach ausgeprägte Sättel, danach wieder aufwärts, um die etwa 480 bis 500 m hoch gelegenen, stellenweise sehr schmalen Verebnungen zu erreichen.

An dem Wanderparkplatz mit Rastplätzen nördlich von Thomashardt nach links und parallel zur Landstraße, über eine Kreuzung geradeaus, auf schmalem Weg. Genausogut können wir aber auch für etwa 1 km auf der Straße fahren, bis dann links, nachdem die Landstraße aus dem

Nassachtal von rechts eingemündet ist, wieder ein breiterer Wirtschaftsweg auch uns Radlern gut Platz bietet. So hinein nach **Schlichten**, im Ort auf der Straße bis zur Kirche, neben der eine sehr schöne Linde steht.

August Lämmle hat dem hübschen Ensemble ein Gedicht gewidmet, das Sie an Ort und Stelle gleich lesen können.

Bei der Kirche biegen wir von der Straße rechts ab, bleiben aber auf der Route der Kaiserstraße. Einkehr wäre hier zum Beispiel in der „Rose" oder im „Hirsch" möglich, falls wir es nicht vorziehen, weiter bis Adelberg durchzufahren.

Nach einer kurzen Abfahrt aus Schlichten heraus biegen wir am Waldrand rechts auf einen fein geschotterten, aber gut befahrbaren Waldweg ein. Jetzt haben wir die oben erwähnten Steigungen zu erklimmen.

Sie sind nicht zu umgehen, weil der Schurwaldkamm hier von Norden und Süden von Zuflüssen der Rems und der Fils „angenagt" ist. Das macht aber auch den großen Reiz dieser Strecke aus: Immer wieder kann man wie auf dem Rücken eines riesigen Fisches fahren und freien Blick in fast alle Richtungen genießen.

Der zweite Anstieg ist kurz und steil, Schieben für viele ganz normal. Auf der Höhe angelangt, kommen wir zu mächtigen Eichen, die unter Naturschutz stehen und als *Kaisereichen* in der Karte verzeichnet sind. – Der Blick von hier zu den nur noch 12 bis 20 km Luftlinie entfernten **Kaiserbergen**, voran der Hohenstaufen, ist prächtig.

Der nächste Ort ist **Oberberken**. Wir queren die Landstraße von Schorndorf nach Uhingen und halten uns an die Wanderwegmarkierung „Main – Neckar – Rhein" – bis Adelberg. Zunächst auf dem „Kirchenweg" geht es aus Oberberken hinaus, dann durch den Wald geradeaus.

Wir passieren dabei große Flächen, die den Frühjahrsstürmen des Jahres 1990 Tribut zollen mußten. Die Wiederaufforstung zeigt Erfolge, doch stellenweise hätte man nach dem katastrophalen Ereignis die Landkarte neu zeichnen müssen.

Auf Höhe eines Wanderparkplatzes stoßen wir wieder auf die Landstraße, die nach **Adelberg** führt. Wir queren die

Straße zu einem linksseitigen Wirtschaftsweg und fahren bis zum Ortseingang. Dort ist ein kleiner Umweg am Rand der Siedlung nötig: links, rechts und nochmals rechts. Dann queren wir erneut die Landstraße, biegen nach links in ein Sträßlein ein, das zum Sport- und Erholungszentrum „Klosterpark" mit Wellenbad, Restaurant und anderen Möglichkeiten zur Rast und Zerstreuung leitet. Wem das alles nicht zusagt, der fährt gleich weiter bis zum **Kloster Adelberg**. Auch dort warten genügend Anregungen und Gelegenheiten, sich zu stärken.

Adelberg, am Nordrand des Kreises Göppingen gelegen, wird zu Recht von der Straße der Staufer berührt. Im Jahr 1178 gründete Volknand von Staufen-Toggenburg, ein Vetter Kaiser Friedrichs I. Barbarossa, das Kloster. Zehn Jahre später weihte der Bischof von Münster den Hochaltar, das Prämonstratenserkloster blühte auf. Darüber und über die weitere Geschichte im Bauernkrieg, zu Zeiten der Reformation und im Dreißigjährigen Krieg gibt die eine Abteilung der Dauerausstellung in der **Klostervilla** anschauliche Beispiele. Reizvoll und sehr zeitbezogen sind die anderen Themen: der Schurwald und seine vielseitige Biologie. Dokumentiert wird die Tier- und Pflanzenwelt, auch ökologische Probleme werden nicht ausgespart. Was aber übliche, „frontal" dargebotene Ausstellungen übertrifft, sind zum einen der „Wald im Kleinen", zum anderen der *Naturgarten* um die Villa: Dort wird auch nachvollzogen, wie die Klostergärtner einst Kräuter- und Gewürzpflanzen anbauten. Wechselausstellungen zu Themen aus der Natur, Kultur und Kunst ergänzen das Angebot der Klostervilla ebenso wie Ferienkurse in angewandtem Naturschutz für Kinder und Erwachsene. Geöffnet ist die Klostervilla vom 1. 4. bis 31. 10. Di bis So und Fei 14.00–17.00 Uhr.

Für die Weiterfahrt verlassen wir das Kloster und folgen entlang den hohen Mauern nach rechts zunächst den Radwegweisern nach **Rechberghausen**. Der Ausblick zu den Kaiserbergen ist von kurzer Dauer, denn der Weg fällt dann zum Teil recht steil ins **Herrenbachtal**; hier also Vorsicht, lassen Sie's nicht zu sehr flitzen!

Wir passieren die **Mittelmühle** und eine Weihnachtsbaumpflanzung, bevor wir an einem Anglersee wieder auf die Straße stoßen.

Dort steht auch die **Zachersmühle**, die im Sommer einen ge-
mütlichen Biergarten bietet und in der kulturelle Veranstaltungen
auch alternativer Art stattfinden.

Der Radweg wird hier in einen zur Straße parallelen
Waldweg immer entlang dem Herrenbach geführt. Diesen
haben wir zweimal zu queren und fahren dann wieder
direkt neben der Straße bis auf Höhe einer Kreuzung.
Hier wählen wir *nicht* die Richtung rechts das Tal weiter
abwärts nach Rechberghausen (außer, um die Tour in
Göppingen enden zu lassen), sondern queren die Straße,
neben der wir hergekommen sind, nach links. Links neben der B 297 fahren wir jetzt auf einem Radweg bis nach
Birenbach, müssen allerdings aufpassen, weil der Weg
zweimal über einen Parkplatz führt.

In Birenbach queren wir die Straße und fahren nach dem
ersten Gebäude auf der rechten Seite rechts ab und über
einen schmalen Weg direkt auf einen asphaltierten (Rad-)
Wanderweg. Es ist der Bahndamm, auf dem bis Anfang
der 80er Jahre die direkte Zugverbindung zwischen Göppingen und Schwäbisch Gmünd verkehrte.

Sehr idyllisch muß eine Bahnfahrt über diese nur stark 20 km
messende Linie gewesen sein: Steigungen, enge Kurvenra-
dien, herrliche Landschaft – man bekam alles in gemächlichem
Tempo präsentiert. Ähnlich ist unsere Geschwindigkeit geeignet, die schöne Strecke auf dem Rad in Ruhe zu genießen.
Jeder kann aber auch „Tempo bolzen", sofern nicht zu viele
andere Radler oder Fußgänger unterwegs sind. Und weil es bis
Wäschenbeuren doch spürbar und stetig ansteigt, kann man
auch kräftig ins Schwitzen kommen.

In **Wäschenbeuren** können Sie zum einen immer auf
diesem „Radler-Highway" weiter bis Schwäbisch Gmünd
fahren. Bestens weggewiesen und an Kreuzungen mit
Landstraßen auch rechtzeitig durch Schilder „Vorfahrt
achten" gewarnt, kommen Sie so in etwa einer Stunde
dorthin.

Wir beschreiben hier aber die andere Möglichkeit: Das
Bahnhofsgelände Wäschenbeuren – es beherbergt heute
einen liebevoll gestalteten Kindergarten – signalisiert uns,

bald danach die alte Bahntrasse zu verlassen. Ein Schild weist uns nach links in Richtung **Wäscherschlößle**. In einer Siedlung biegen wir rechts ab und verlassen dann Wäschenbeuren. Über die Landstraße hinüber, und etwa einen Kilometer weiter kommen wir schon zum

Wäscherhof, einige Meter weiter zum Wäscherschlößle. Dieses Schloß ohne Turm steht am oberen Ende des Beutentals, weist einen eigenartigen, trapezförmigen Grundriß auf und eine in Richtung Hochfläche, also Wäschenbeuren, mächtig verstärkte Außenmauer. Eine Schildmauer oder ein anderer, sonst von Burgen dieser Zeit bekannter Schutz ist nicht vorhanden. Dafür aber gibt es einen vorgelagerten Wall und einen tiefen Graben. Die auch *Wäscherburg* genannte Anlage, wie wir sie heute sehen, wurde um 1200 erbaut. Die Steinmetzzeichen am Bukkelquadermauerwerk weisen in diese Zeit, die hohe Zeit der staufischen Baukunst. Ein weiterer Zusammenhang mit dem alten kaiserlichen Geschlecht wird hergestellt, wenn man die Vorgängerburg und ihre Erbauer betrachtet: Friedrich Edler von Büren, um 1020 geboren, ließ wohl um 1045 zusammen mit seiner aus dem Elsaß stammenden Frau Hildegard von Eguisheim einen Wohnturm am gleichen Platz bauen. Ein Sohn der beiden war Herzog Friedrich I. von Schwaben, der Großvater von Kaiser Friedrich I. Barbarossa.

Über alle diese geschichtlichen Details und viele weitere Ereignisse können wir uns im kleinen Museum informieren, das täglich 10.30–12.00 und 13.30–16.00 Uhr sowie Sa/So durchgehend 10.30–17.00 Uhr offen hat. – Stärken können wir uns in der Gaststätte am Wäscherhof, die an Wochenenden offen ist und bei der man auch draußen sitzen kann.

Vom Wäscherschloß abwärts können wir uns jetzt ganz dem Genuß einer langen Abfahrt durch das **Beutental** widmen. Das Sträßlein ist zum Teil etwas rauh asphaltiert, aber stets griffig und an Sonn- und Feiertagen für Autos gesperrt. An der Beutenmühle bietet sich nochmal eine Einkehrmöglichkeit, bevor wir in das **Remstal** gelangen. Dort fahren wir ein Stück weit parallel zur B 29, die auch hier, wie weiter talabwärts, autobahnähnlich ausgebaut ist. Dann unterqueren wir die Bundesstraße und fahren vorbei an Sport- und Reitanlagen auf **Lorch** zu.

Zum Kloster, das wir schon von weitem mit seinem markanten Turm auf dem Berg nördlich des Remstals sehen, lesen Sie bitte bei der Tour 8 nach.

Im Stadtgebiet angelangt, fahren wir direkt auf den Bahnhof zu und können die Tour hier mit einer Fahrt im Eil- oder Nahverkehrszug Richtung Stuttgart beenden.

Wer weiter radeln will, wird mit den folgenden 17 km bis **Schorndorf** allenfalls gut eine Stunde zu tun haben. An warmen Tagen bietet sich unterwegs aber noch ein Bad im Waldhauser oder Plüderhauser See an.

In Lorch auf der Hauptstraße nur wenige hundert Meter, dann in den verkehrsberuhigten Kern auf die Kirche zu, am Weg Eiscafé und andere Einkehrmöglichkeit, die Kirch- und anschließend die Gaisstraße geradeaus bis zu einer Kreuzung. Diese geradeaus überqueren und anschließend die Landstraße bis **Waldhausen**, dort einfach geradeaus durch den Ort weiter. Am Ortsende links liegt der Waldhauser See, der vielleicht etwas weniger stark besucht ist als der Plüderhauser See etwa 1 km weiter. Zum letztgenannten Gewässer, das neben einer auch für kleinere Kinder geeigneten Uferzone und einem abgesperrten Bereich für Nichtschwimmer reichlich Platz für Wasservögel bietet, kommen wir auf der Straße von Waldhausen her, indem wir die B 29 unterqueren und auch dort geradeaus weiterfahren, wo die Straße deutlich schmaler wird. – Dies ist ein Erkennungsmerkmal für die Grenze vom Ostalbkreis, aus dem wir kommen, zum Rems-Murr-Kreis, in dem wir uns die nächsten Kilometer bewegen. Wenn wir das Sträßlein hinein nach **Plüderhausen** fahren, werden uns bald die kleinen gelben Schilder mit dem Symbol für den Remstal-Rad- und Wanderweg auffallen. Wir können ihnen bis auf wenige Ausnahmen, die gesondert beschrieben werden, bis nach Schorndorf folgen.

So also in Plüderhausen links der Rems durch die Mühlstraße, nach etwa 500 m einmal scharf rechts bis direkt an den Fluß, gleich wieder links auf schmalem Weg, bis wir straßenparallel zu einer Kreuzung kommen. Dort geradeaus, durch das Gewerbegebiet, danach zwischen

Feldern und Gärten durch die Remstalaue auf einem Wirtschaftsweg. Wir unterqueren die B 29 erneut, bleiben neben der Rems und erreichen, vorbei an einer Kläranlage und unter der Remstalbahn hindurch, einen Wegabschnitt, entlang dem wir uns über die Rems, ihre Regulierung, ihr Pflanzen- und Tierleben im und am Wasser informieren können. Dies alles finden wir auf den Tafeln eines **Gehölzlehrpfads**.

Dann werden wir mit Kurven unter der Landstraße von Urbach nach Schorndorf hindurch geleitet, fahren rechts und immer parallel zur Bahn weiter geradeaus nach Schorndorf hinein. – Am Stadtrand wollen uns die Schilder des Remstalwegs zwar nach rechts und in einem Bogen parallel zur Rems weiter Richtung Waiblingen schicken, wir beachten dies aber nicht.

Immer geradeaus, kommen wir schon im Stadtgebiet mit Hilfe einer Fußgängerunterführung nach links unter der Bahn hindurch. Auf der anderen Seite weiter auf einem Radweg neben der Straße, unter einer Hauptstraße durch und dann bei der Telefonzelle schräg rechts die Straße vollends bis zum Bahnhof **Schorndorf**.

Wer mag, hat Gelegenheit, sich die schöne alte Stadt mit einem Bummel anzuschauen, bis die nächste, übernächste S-Bahn fährt. Bei der Tour 7 können Sie einiges dazu lesen.

Tour 10

Im Albvorland auf Fossilientour

Plochingen – Kirchheim/Teck – Holzmaden – Bad Boll – Göppingen (– Plochingen)

Bei unseren Erläuterungen zur sich wandelnden Talform der Würm (Tour 1) klang es bereits an: Beide Autoren kommen aus der geographisch-geologischen „Ecke". Fortgesetzt haben wir unsere Bemühungen, Sie auf Zusammenhänge zwischen Gesteinen, Landschaftsformen, Böden, Bewuchs und Nutzung hinzuweisen, beinahe bei jeder Tour. Richtig spektakulär stellen sich tiefe Einblicke in die Erdgeschichte Schwabens aber erst bei dieser nun folgenden Route dar:

Wir starten in Plochingen, der vom Straßenverkehr ein wenig erdrückten Stadt, bekommen aber schnell ganz andere Eindrücke vom Neckartal. Spätestens bei den Wernauer Baggerseen nimmt uns die Natur gefangen. Sofern wir zur richtigen Zeit dort sind, zeigt sich die reichhaltige Vogelwelt. Biegen wir danach bald ins Tal der Lenninger Lauter ein, fahren wir meistens mit Blickrichtung auf die hohen Albberge Teck, Breitenstein und Bosler nach Kirchheim/Teck. Ein paar Kilometer weiter, am Fuße der Schwäbischen Alb – dem „Rückgrat" Südwestdeutschlands und einem äußerst beliebten Ausflugs- und Wanderrevier von Tausenden – werden seit über hundert Jahren aus den schwarzen Schiefern des Unterjura um Holzmaden und Ohmden zahllose Fossilien geborgen. Sie gerieten schon gleich nach ihrem Tod unter Luftabschluß und liegen heute zwar sehr flach gepreßt vor, aber ungewöhnlich gut konserviert. Und das seit rund 180 Millionen Jahren!

Viele Tierarten, die wir heute im jüngst stark erweiterten Holzmadener Museum Hauff bewundern, gibt es längst nicht mehr: Ichthyosaurier, die lebendgebärenden, großen und doch wendigen Schwimmer mit spitzer Schnauze, sind wohl die auffallendsten. Hingegen war manche Spezies offenbar stets erfolgreich in ihrer Lebensweise. Zu ihnen gehören die versteinerten Meereskrokodile, deren heutige Verwandte sehr ähnlich aussehen.

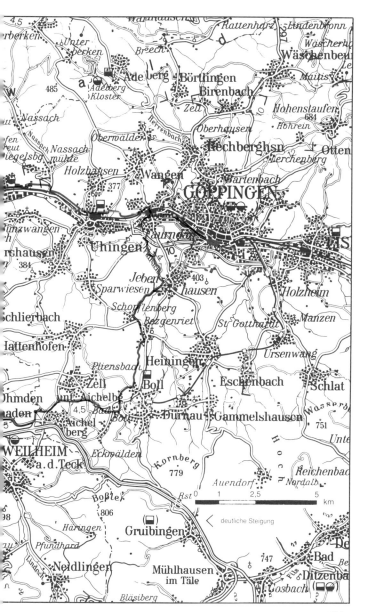

Waren wir lange im Museum, dann bleibt vielleicht trotzdem noch Zeit, ein steinernes Erinnerungsstück mitzunehmen. Sie können es gleich erwerben, oder man nutzt die Gelegenheit, etwas selbst zu suchen und fachgerecht zu bergen: Mehrere legale Möglichkeiten dazu bieten, unter der Woche, Steinbrüche in Holzmaden und in Ohmden.

Die Weiterfahrt entlang dem Albtrauf, der das Vorland um etwa 300 Meter überragt, bietet einen schönen Eindruck nach dem anderen: Angefangen bei den Vulkanbergen Limburg oder Aichelberg, kommen wir als nächstes durch ausgedehnte Obstbaumwiesen auf dem Weg nach Bad Boll. Die Alb bleibt dann noch bis unmittelbar vor Göppingen präsent, wo wir schon in den Zug steigen können. Genausogut kann die Tour aber auch im Filstal ausklingen, indem wir mit guter Wegweisung bis Plochingen zurückfahren.

Start: Bahnhof Plochingen (S 1, 30-Minuten-Takt, und Eilzüge)

Ziel: Bahnhof Göppingen (Eilzüge und IR-Züge etwa im stündlichen Wechsel) oder Bahnhof Plochingen (siehe oben)

Streckenlänge: Plochingen – Kirchheim/Teck – Holzmaden – Göppingen 45 km, zurück bis Plochingen 60 km

Schwierigkeitsgrad: mittelschwer

Karten: Göppingen, Geislingen, TK 1 : 50 000, Blatt 15, und Stuttgart und Umgebung, Blatt 14 (LVA)

Über Plochingen haben Sie bereits bei der Tour 9 durch den Schurwald etwas erfahren. Auch zum Start unserer Runde durch das Albvorland empfiehlt es sich, eine Besichtigung des alten Stadtkerns eher für den Schluß einzuplanen.

Am Bahnhof Plochingen halten wir uns Richtung Nordwest am Busbahnhof rechts, danach zweimal links, womit wir die Straßenbrücke Richtung **Deizisau** erreichen. Wenn wir uns auf der anderen Seite nach links auf den Wirtschaftsweg zwischen Bundesstraße 10/313 und Wald begeben, sind wir weg vom Verkehr, hören ihn aber deutlich. Der Radwegweisung nach **Wernau** folgend, überqueren wir nach knapp 2 km die Schnellstraße auf einer Brücke. Danach wieder parallel zu dieser Straße, durch eine kurze Unterführung und rechts an einem kleinen

See vorbei in der Talaue des Neckar. Nach wenigen hundert Metern biegen wir nach rechts auf die Straße von Wernau nach Köngen ein, verlassen sie aber bei der nächsten Gelegenheit nach links und fahren jetzt immer geradeaus den **Wernauer Baggerseen** (NSG) entlang.

Wir passieren das Biotop „aus zweiter Hand", das für die nahe und ferne Vogelwelt von großer Bedeutung und seit Herbst 1993 durch einen ökologischen Lehrpfad erschlossen ist. Schließlich gibt es auch viel zu sehen und ist das Gebiet Ziel für etwa 50 000 Besucher im Jahr.

Erst eine Linkskurve, dann eine Biegung nach rechts bringt uns auf einen schmaleren Weg direkt am Neckar. Rechts liegen die Erholungsanlagen „Neckarwasen", zu denen der erwähnte Lehrpfad ebenfalls hinführt.

Eine Straßenbrücke unterqueren wir, ehe wir sie nach dreimaligem Rechtsabbiegen in Fahrtrichtung **Wendlingen** selbst benutzen. Wir erreichen nun die **Lenninger Lauter.** Bis Kirchheim werden wir ihrem Tal folgen. Gleich in Wendlingen, wo die Neckarstraße auf eine Einbahnstraße stößt, queren wir das Flüßchen nach links, biegen wieder nach rechts in die *Vorstadtstraße* ein. Diese nun stets geradeaus, bis wir nach wenigen hundert Metern links und wieder rechts auf der *Kanal- und Austraße* bis an Rand der Bebauung geraten. Kurz vor Ortsende biegen wir noch *Im Steinriegel* links ab und gleich wieder rechts. Hier in der *Bodelsdorfer Straße* geht es einfach geradeaus, etwas über dem Talgrund, mit schönem Blick auf den Albtrauf. Den Weiler Bodelshofen passieren wir, auch ein Pferdegehöft. An der Kreuzung mit der Hauptstraße angelangt, queren wir sie vorsichtig, biegen nach links, benutzen die straßenbegleitenden Radwege rechts der Hauptstraße, ein Stück weit durch parallele Straßen und Wege den Wegweisern folgend. So kommen wir gut in die Stadtmitte von **Kirchheim.**

Für den schönen, sehr lebendigen alten Kern der Stadt unter der Teck sollten wir uns Zeit nehmen. Ganz von alleine kommen wir zum Beispiel am **Kornhaus** vorbei: Um 1550 erbaut, war es einer der vier großen Kornspeicher des Landes. Seit 1851 im Besitz der Stadt Kirchheim, beherbergt es heute das Museum für Kunst, auch das für Geschichte und Natur. Die Öffnungszeiten kommen uns gelegen: Di bis Fr 10.00–12.00 und 14.00–17.00, Sa 10.00–14.00, So und Fei 11.00–16.00 Uhr. Einkaufs- und Einkehrmöglichkeiten gibt es mehr als genug.

Vorbei am eindrucksvollen *Rathaus*, einem Fachwerkbau mit Türmchen und Mondphasenuhr, verlassen wir nach Osten auf der *Max-Eyth-Straße* den historischen Stadtkern wieder. Zunächst müssen wir noch schieben, kommen aber nach Überquerung der Hauptstraße geradeaus in die *Ochsengasse*, die als Einbahnstraße auch für Radler in Gegenrichtung geöffnet ist. Überhaupt besticht die Wegführung im gesamten Stadtgebiet von Kirchheim und seinen Vororten, wo es möglich ist, durch Kürze. Andernfalls verhelfen kleine Umwege zu ruhigem, gefahrlosem Radeln.

In der verkehrsberuhigten Klosterstraße fahren wir bis zum Eingang des *Freibades*, biegen davor rechts ab und wählen an einer Gabelung den linken Weg, um danach die Lindach nach links und dann wieder nach rechts zu queren. Entlang diesem rechten Zufluß der Lenninger Lauter und am Schloßgymnasium Kirchheim vorbei kommen wir nach **Jesingen.** Dort einfach geradeaus, dabei die Lindach nicht mehr queren, bis wir vor der Kirche links die Straße nach **Ohmden** benutzen. Am Ortsrand auf einen Radweg rechts und den scharfen Knick der Straße nach links nicht mitmachen. Geradeaus, später leicht rechts, fahren wir auf einem Anliegersträßlein ruhig bis **Holzmaden.** Erst kurz bergauf, links an der Kirche vorbei, dann unten an der Hauptstraße links und durch den Ort deutlich aufwärts in wenigen Minuten zum **Museum Hauff.**

Noch so viele Worte können das, was im Museum an erdgeschichtlichen Fakten und Zusammenhängen dargestellt ist, nicht ersetzen. Aber am meisten bestechen die ausgezeichnet erhaltenen – sogar Hautteile der urweltlichen Tiere gibt es – oder präparierten Fossilien. Manches fand man ja nur wenige hundert Meter vom Museum entfernt in den anthrazitfarbenen, bitumenhaltigen Schiefern des Schwarzjura epsilon. In der Regel lag am Fundort kaum eines der Stücke schön Knöchlein an

Tümpel bei der Teufelsbrücke (Touren 13 und 14)

Kloster Bebenhausen, am Horizont die Alb (Touren 13 und 14)

Eingang zum Kloster Hirsau (Tour 15)

Knöchlein oder Schalenteil an Schalenteil nebeneinander auf-
gefächert vor. Es stecken in jedem ausgestellten, vor etwa 180
Millionen Jahren im Meeresschlamm umgekommenen Tier viele
Stunden oder gar Monate Präparierarbeit. – So besteht die
Sammlung aus unterschiedlichen Sauriern, Meereskrokodilen,
Fischen, Ammoniten, Seelilien, diese zum Teil auf Treibholz
festgeheftet als große, ja riesige Kolonien. – Gut hundert Jahre
schon geht man um Holzmaden und Ohmden auf „Fossilien-
jagd". Um jedoch allzu eifrigen oder geschäftstüchtigen „Jä-
gern" zuvorzukommen, wurde das ganze Gebiet, in dem der
Ausstrich des Schwarzjura epsilon gute Funde erwarten läßt,
zum Grabungsschutzgebiet erklärt. In einigen privaten Steinbrü-
chen sowie seit neuestem auch im bereits über 55 Jahre beste-
henden, privaten Museum Hauff können Interessierte selbst die
fast schwarzen Brocken untersuchen, vorsichtig spalten, Gefun-
denes dann mit feinen Werkzeugen in Ruhe zu Hause freilegen
und säubern.

Das Museum hat folgende Öffnungszeiten: Di bis Sa 9.00–12.00
und 13.00–17.00, So durchgehend von 9.00–17.00 Uhr (Telefon
0 70 23 / 28 73 oder 80 66). Auch die Besitzer der Steinbrüche
geben auf Anfrage und gegen Gebühr Teile ihrer Brüche an
Werktagen zum Fossiliensammeln frei. An der Straße von Ohmden nach Zell, ein paar Kilometer nordöstlich von Holzmaden,
sind der Bruch Kromer (Telefon 0 70 23 / 47 03) und der Bruch
Gonser (0 70 23 / 7 12 09). Aus welchem Abraum die Schiefer-
steine an der Straße Richtung Aichelberg stammen, wissen wir
nicht. Dort trifft man aber manchmal Dutzende Menschen mit
entsprechendem Werkzeug arbeitend an. Und wie es scheint,
sind nette Funde gar nicht selten. – Natürlich können Sie sich
auch ohne jede Sammelambition ganz den schönen Ausstel-
lungsteilen im Museum widmen, die uns frühere Lebensbilder
aus dem Jurameer vermitteln. Man arbeitet mit einer treppenför-
migen Anordnung von ausgesuchten Schieferplatten, quasi
„zum Anfassen", und mit Filmen.

Wir verlassen das Museum auf der Hauptstraße und biegen gleich rechts ab in Richtung **Aichelberg.** Noch bevor
die Straße eine Rechtskurve macht, erkennen wir linker
Hand den Bruch, aus dem die meisten der berühmten
Urweltfunde stammen. Auf straßenbegleitenden Wegen,
jedoch noch vor Aichelberg einmal links, wieder rechts

vorbei an Sport- und Campingplatz, unter der Straße durch, danach links und parallel zu ihr sind es einige Kilometer nach **Bad Boll.**

Seit 1595 besteht in dem schön am Fuße der Alb gelegenen „Wunderbad" Kurbetrieb. Eine spezielle Anwendung, „Jura-Fango" genannt, macht sich die dunklen Schwarzjura-Schiefer zunutze. 1976 kam in Bad Boll ein Thermalbad hinzu.

Mindestens regional bekannt ist auch die **Evangelische Akademie**. Am 22. 9. 1945 wurden zur ersten Tagung in das Kurhaus Männer der Wirtschaft und des Rechts geladen. Seither wurde die Verbreitung der „Kultur des Gesprächs" in bis zu zwanzig Tagungen im Jahr gefördert. Bauern, Gewerkschafter, Journalisten, Richter, immer wieder auch Politiker an einem Tisch haben dafür gesorgt, daß jene Absicht in die Tat umgesetzt werden konnte. Auch dann, wenn wie nach 1968 äußerst kontroverse Themen zur Sprache kamen oder Ernst Bloch und Rudi Dutschke miteinander diskutiert haben.

Vorbei an den Kurgebäuden gelangen wir auf einen kleinen Kreisverkehr. Hier biegen wir links ab in den Gerhard-Heyde-Weg, queren bei einem Reiterhof die Straße und folgen den Wegweisern nach **Bezgenriet**. Dort angekommen, biegen wir kurz vor der Einmündung in die Hauptstraße links ab in eine Nebenstraße, die *Hintergärten*. Die Wegweiser für Radler lauten jetzt Jebenhausen—Göppingen. An der nächsten Wegegabelung noch einmal links haltend, unterqueren wir die Hauptstraße und folgen in der Siedlung *Schopflenberg* den Wegweisern, die uns nach rechts hinaus aufs freie Feld führen.

Noch vor Jebenhausen, das wir so nur streifen, biegen wir nach links ab und kommen nach dem Friedhof an ein kurzes, steiles Gefälle. Hier sollten Sie langsam tun, denn mitten in der Abfahrt geht es rechtwinklig nach links ab. Im schönen **Pfuhlbachtal** gelangen wir dann nach **Faurndau**. Dort am Anfang einmal kurz rechts, gleich wieder links und weiter durch kleine Straßen kommen wir direkt zu der wuchtig wirkenden **Pfarrkirche**.

Anfang des 13. Jahrhunderts in der staufischen Klassik erbaut, zeigt manches an der Faurndauer Kirche Ähnlichkeiten mit den

Kirchen von Kloster Lorch oder von Oberstenfeld. Weil sie nicht regelmäßig offen ist, werden wir es bei einem Eindruck von außen belassen müssen, wo die Blendarkaden an den Giebeln von Langhaus und Chor runde romanische Formen haben.

Wollen wir die Tour in **Göppingen** beenden, dann fahren wir bei der Kirche nach rechts bis zur Hauptstraße, dort kurz links und vor der Filsbrücke rechts auf einen Fuß- und Radweg. Die Wegweisung reicht aus, und es sind noch etwa 3 km bis zum Bahnhof. Wir bleiben in Fahrtrichtung rechts der Fils, benutzen unterschiedliche Wege bis zum **Christophsbad**. Dort ein kleines Stück auf der Straße mitfahren, bei der Einmündung auf die B 297 nach links auf einen straßenbegleitenden Radweg. Er unterquert noch einmal die Hauptstraße, und wenn wir uns auf der anderen Seite dreimal scharf rechts wenden, sind wir neben der B 297 auf der richtigen Seite. Über die Fils und die Bahngleise, danach rechts zum **Bahnhof Göppingen**.

Der Weg von Faurndau zurück nach Plochingen führt uns nördlich von Fluß und Bahnstrecke flach durch das Filstal. Hierzu queren wir in Faurndau die Fils, unterqueren die Ortsdurchfahrt und die Bahn, um dann den Wegweisern nach **Uhingen** zu folgen. Ohne die Bahnlinie noch einmal zu queren, folgen wir den Wegweisern nach **Ebersbach**. Unter einer Brücke hindurch fahren wir zunächst etwa 200 m in Richtung Nassachtal, bevor wir wieder links nach Ebersbach abbiegen. Den Ort queren wir auf einer wenig befahrenen Straße und verlassen ihn unmittelbar parallel zur Bahn in Richtung **Reichenbach**. Bis dorthin orientieren wir uns an der Bahnstrecke und benutzen dabei auch einen geschotterten Wirtschaftsweg. Reichenbach wird auf der vom Durchgangsverkehr befreiten, breiten Hauptstraße durchfahren. Am Ortsende gelangen wir rechter Hand wieder auf einen Radweg, der uns bis **Plochingen** führt. Zuletzt auf der Hauptstraße und einmal links kommen wir direkt zum Bahnhof.

Tour 11

Jahrzehnte, Jahrhunderte, Jahrtausende und Jahrmillionen zurück

Stuttgart-Mitte und -Degerloch – Hohenheim – Scharnhauser Vulkan – Denkendorf – Römerkastell Köngen – Plochingen

Raus aus dem Stuttgarter Kessel, der im Hochsommer manchmal schwer erträglich ist, hinauf nach Degerloch, das in der ersten Jahrhunderthälfte immerhin Luftkurort war. Von dort über Birkach, Hohenheim, Plieningen ins Körschtal bis Denkendorf und zum Schluß mit einem „Satz" nach Köngen zum Römerkastell und ins Neckartal bis Plochingen.

Start: Stuttgart am Schloßplatz oder Zahnradbahn Degerloch am Albplatz

Ziel: Bahnhof Plochingen (S 1, 30-Minuten-Takt, und Eilzüge)

Streckenlänge: 35 km bzw. 38 km ohne Zahnradbahn

Schwierigkeitsgrad: leicht, wenn der Start aus der Stadt mit Hilfe der Zahnradbahn erleichtert wird

Bemerkung: Der Talweg östlich von Plieningen ist nach Regenfällen schlecht befahrbar. In Denkendorf kann nach Oberesslingen oder Deizisau/Altbach und von dort mit der S-Bahn abgekürzt werden (siehe auch Fildertour Nr. 12).

Karten: Stuttgart und Umgebung, TK 1:50000, Blatt 14 (LVA), Großer Radfahrerstadtplan 1:20000 (ADFC/RV-Verlag)

Wir starten in Stuttgart in der Stadtmitte am **Schloßplatz**, suchen uns über Karlsplatz – Marktplatz – Eberhardstraße den Zugang zur Tallängslinie (kleine Schilder mit grüner Schrift und einem „T") und benutzen diese entlang der Tübinger Straße bis zum **Marienplatz**. Von dort hilft die **Zahnradbahn** mit Radtransport jede Viertelstunde über knapp 200 Höhenmeter nach Degerloch. Betrieb bis

21.00 Uhr; offiziell 10 Räder gleichzeitig, bei starkem Andrang passen auch mal 12, 13 auf den Materialwagen, den der Fahrer bei der Bergfahrt im Blick hat.

Wer es wagt und die eigene und des Radols Bergsteigfähigkeit testen will, versucht ein Wettrennen mit der „Zacke": Ausgang nur bei sehr schnellen Bergfahrern ungewiß, denn die elektrische Bahn ist in nicht einmal 10 Minuten oben. – Also, besser eine Genußstrecke für Bergradler:

Vom Marienplatz wieder 100 m zurück Richtung Stadtmitte, rechts ab die Kolb-, dann die Lehenstraße, über die Filderstraße hinweg, rechts die Liststraße bis ans Ende, bei Hausnummer 81 links halten, über die Wendeplatte – dann das Runterschalten nicht vergessen! Denn die Adlerstraße, die in den **Schimmelhüttenweg** übergeht, steigt sofort herb an, 14 oder 15 Prozent werden es wohl sein. Die herrliche Umgebung entschädigt aber für die Plage.

Zunächst säumen noch Häuser mit teils großen Gärten am sonnigen Westhang die abschnittsweise gepflasterte Strecke. Weiter oben erstreckt sich dann der nach Südwesten ausgerichtete **Scharrenberg.** In einer der kleinsten eingetragenen Einzellagen in Württemberg bauen die Weingärtner hauptsächlich Trollinger an. Da das Gebiet unter *Landschaftsschutz* steht, bestand die Auflage, Trockenmauern zu erhalten oder wiederherzurichten. Kurz: ein ökologisches Kleinod, fürs Auge angenehm, für die Wengerter (Weingärtner) Plage – für Radlerinnen und Radler, die steile Berge lieben, indes Genuß.

In **Degerloch** gelangen wir in das Wagner-Viertel: dort geradeaus auf dem Brunhildenweg, links Leonorenstraße, rechts Elsaweg, nochmal rechts Lohengrinstraße, ehe der letzte steile Stich, die Josefstraße, zum Degerlocher Albplatz leitet. Die Fernverkehrsader B 27 unterqueren Radler (schiebend!?) durch eine komfortable Unterführung. Die Rampe hoch, geradeaus, am Taxistand links in die Rubensstraße, gerade bis zur Wurmlinger und Epplestraße, letztere links und gleich wieder rechts die **Große Falterstraße** an Bezirksamt, Feuerwehr und Kirche vorbei und abwärts, über die Reutlinger Straße weg, dann links **In der Falterau**, wo wir eine hübsche Siedlung vom Anfang unseres Jahrhunderts erreichen.

deutliche Steigung

133

Anfang 1995 wurde die **Zahnradbahn** bis zum Deger-locher Albplatz verlängert. „Zacke-Radler" nehmen die Räder dort vom Wagen, schieben ein paar Schritte und sind dann auf demselben Weg, den die wackeren Berg-radler am Ende der Unterführung Albplatz erreicht haben.

Kurz zur **Falterau**: Arbeiterfamilien gründeten 1911 die „Ge-meinnützige Baugenossenschaft für Einfamilienhäuser Stutt-gart". Mit Krediten und viel Selbst- und Nachbarschaftshilfe entstanden um einen Platz mit einem sehenswerten Brunnen 48 Häuser, die heute alle unter Denkmalschutz stehen.

Nach diesem Abstecher geht es zurück in die Große Falterstraße, dort links und weiter bergab im oberen **Ramsbachtal**, zwischen Kleingärten und Feldern. An ei-ner Gabelung halten wir uns leicht links und kommen immer geradeaus an den Rand des Stadtteils **Schönberg**.

Wo wir den Ramsbach gequert haben, besitzt der oberhalb in eine Betonrinne gezwängte Bachlauf wieder natürlicheren Cha-rakter. Das Tal steht auch unter Landschaftsschutz. Unüberseh-bar haben uns zuletzt die drei mächtigen Haus-„Scheiben" des **Asemwald** begleitet. Als diese Hochhäuser für mehrere tau-send Menschen vor über zwanzig Jahren gebaut wurden, hieß es oft: „Hannibal ante portas". In der Tat haben die vielstöckigen Haus-Riesen etwas gemeinsam mit den *Elefanten*, die der puni-sche Feldherr in seinem Krieg gegen die Römer über die Alpen geführt hat. Aber für viele hat das Wohnen weit über Nebel und Lärm, mit freiem Blick über die Fildern zur Alb, bis heute seinen Reiz.

In Schönberg fahren wir die Taldorfer Straße geradeaus, links die aufgelockerte Siedlung, rechts Sportplätze und Grün, bis wir rechts in die **Birkheckenstraße** biegen. Diese geradeaus, über die Hauptstraße hinweg und leicht ansteigend in den Kern von **Birkach**.

Wahrscheinlich schon im 8. Jahrhundert um einige Bauernhöfe am Rande der fruchtbaren Filderebene zum Ramsbachtal hin entstanden, konnte sich dieser Stuttgarter Stadtteil wie manche andere doch einige dörfliche Elemente bewahren. Sichtbar wer-den diese vor allem in der **Alten Dorfstraße**, in die wir bald nach links abbiegen. Hier können wir Wohnformen vergleichen:

Pflanzkübel, Fahrbahnverschwenkungen, Querparken, teils ältere Häuser lassen eine angenehm gemütliche Atmosphäre erahnen. Und die schlichte evangelische Kirche paßt dazu. Treffen wir sie offen an, so lohnt ein Besuch, auch wegen der „Franziska-Loge", in der Franziska von Leutrum, Herzog Karl Eugens Gefährtin vor gut zweihundert Jahren, dem Gottesdienst beiwohnte. Auf diese hochherrschaftliche „Beziehungskiste" kommen wir im Zusammenhang mit **Hohenheim** gleich noch zurück.

Von der Alten Dorfstraße rechts ab in die *Egilolfstraße*, kurz bergan, vorbei an der Ländlichen Heimvolkshochschule und Sportplätzen der Universität Hohenheim. Wo diese zu Ende sind, steht links ein wenige Jahre junges, in Hufeisenform mit Innenhof angeordnetes Wohnheim. An ihm auf einem kleinen Weg vorbei gehen wir vielleicht gleich zu den Erdhügelhäusern – oder fahren um den Komplex, immer links haltend, herum.

1983/84 wurden 6 **Erdhügelhäuser** als Studentenwohnheime gebaut. Nach Norden schützen Anschüttungen gegen kalte Winde, Gras bedeckt die Dächer. Verbaut wurde viel Holz, alle Wohnräume sind der Sonne zu gerichtet. Vor den reizvoll gestalteten Häuserfronten sorgen kleine Teiche und üppiges Grün für angenehmes Klima. Wer dort wohnt, ist in der Regel sehr angetan von dieser Form des Wohnens, die eindeutig ins nächste Jahrtausend weist. Kleinere Schwächen der Konstruktion – keine Nutzung der Sonnenenergie zur Stromgewinnung oder Warmwasserbereitung, sehr offenes Inneres, dadurch wenig Rückzugsmöglichkeiten – sind angesichts des Baujahres zu erklären und würden heute vielleicht vermieden.

Wir sind bereits mitten im Campus der Uni, fahren zwischen Versuchsfeldern, modernen Bauten und manchen Baustellen auf der *Fruwirthstraße* in Richtung **Schloß**.

Nach erster urkundlicher Erwähnung um 1100 und mehrmaligem Besitzerwechsel im Lauf der Zeit kam Herzog Karl Eugen im Jahre 1768 in den Besitz von Gut Hohenheim, damals „Garbenhof" genannt. Er schenkte es Franziska von Leutrum, die zu jener Zeit seine Geliebte, später seine Frau war. Ganz nebenbei erhielt sie auch den Titel „Reichsgräfin von Hohenheim". Ein standesgemäßes Domizil wird der Gutshof nicht gewesen sein ... So entstand in 26 Jahren Bauzeit (von 1771 an) das frühklassizistische Schloß Hohenheim nebst ausgedehnten Garten- und Parkanlagen. Die spätere Nutzung des Gebäudekomplexes als landwirtschaftliche Unterrichts-, Versuchs- und Musteranstalt, ab 1904 als Landwirtschaftliche Hochschule und seit 1967 als Universität, läßt uns den hohen Aufwand für das Schloß doch anders sehen. Freilich ist das altehrwürdige Gebäude längst viel zu klein, um die Universitätsverwaltung nebst allen Instituten zu beherbergen. Aber Mittelpunkt ist es doch noch, vor allem die Lehrgärten: **Exotischer** und **Botanischer Garten**.

Letzteren erreichen wir von der Fruwirthstraße aus rechts ab über die Emil-Wolff-Straße, bis sie in einen Wirtschaftsweg übergeht. Bei guter Sicht haben wir von den Hängen oberhalb des **Körschtals** Blicke bis zur Alb um Neuffen und Teck, davor die schiefe, spitze Turmhaube der Plieninger Kirche. An einer Gabelung wählen wir den rechten Weg, kommen zwischen Spielplatz und den Gärten zum Ortsrand von Plieningen. Dort fahren wir geradeaus auf einem Weg bergab ins Körschtal, bremsen rechtzeitig vor der Brücke, denn danach geht es rechtwinklig nach links. Wenige hundert Meter noch, und wir sind an der Unterführung unter der Mittleren Filderstraße, hinter der das **NSG Körschtal-Häslachwald** beginnt.

Der Lauf des Flusses ist hier wenig reguliert. Es kommt immer wieder zu Überflutungen, entsprechend gut gedeihen die Reste des Auenwaldes: Direkt an der Körsch überwiegen Weichhölzer wie Weiden, Grauerlen, Schwarzerlen und Pappeln.

Nach knapp 1 km wählen wir einen Abzweig links, überqueren die Körsch und halten auf der Brücke kurz inne, um den Blick auf den Zusammenfluß von Ramsbach und Körsch sowie hinauf zum Hohenheimer Schloß zu haben. An der Stuttgart-Plieninger Kläranlage vorbei, die schon knapp auf der Markung von Ostfildern-Kemnat liegt, folgt unser Weg weiter der Körsch. An der Neumühle geht es – Vorsicht, schneller Kfz-Verkehr! – über die Landstraße hinweg zum Weiler **Stockhausen** nebst Gestüt.

Wenige Minuten später werden wir nur durch ein gut gestaltetes Schild auf den **Scharnhauser Vulkan** aufmerksam. Dieser zum

„Schwäbischen Vulkan" aus dem Tertiär zählende Ausbruchspunkt ist in mehrfacher Hinsicht höchst aufschlußreich: Über 20 km vom heutigen Albtrauf entfernt enthält die Schlotfüllung vulkanisches Lockermaterial mit Trümmern des durchschlagenen Gesteins – Partikel vom kristallinen Grundgebirge, den Gesteinen, die heute noch rings um den Vulkan anstehen sowie Juragesteinen, die hier längst nicht mehr vorkommen. Vor rund 15 Millionen Jahren, zur Zeit der Hauptaktivitäten von weit über 300 Ausbruchsstellen, muß die Schwäbische Alb also mindestens bis auf die Fildern gereicht haben. Dies alles ist anschaulich erklärt und in einen Pfad „Ostfildern zu Fuß" eingebunden.

Vom Vulkan wieder zurück und leicht bergab fahren wir parallel zur Landstraße Richtung Scharnhausen, überqueren aber bald die Straße zu einem ein wenig hinter hohen Bäumen versteckten, herrschaftlichen Bau hin.

Weitläufig eingezäunt und von herrlichen Weidewiesen umgeben, stehen wir vor der ehemaligen Retraite des uns von Hohenheim her schon bekannten Herzogs Karl Eugen. 1784 ließ er sich dieses **Lustschlößchen** bauen, um in der Ruhe des ländlichen Körschtals Kraft für die Regierungsgeschäfte zu schöpfen. Aufzeichnungen besagen, daß das herzogliche Paar von 1784 bis 1788 immerhin 226mal in seinem abgeschiedenen Wochenendsitz war. Heute bewohnt ein Tierarzt das Schlößchen, Pferde und Schafe bevölkern die Weiden.

Wir fahren weiter den mit Nummer 3 bezeichneten Körschtalweg nach **Scharnhausen** hinein, überqueren die Hauptstraße, folgen unmittelbar dem Fluß und kommen bald an das Sportgelände. Hier bietet sich eine Rast im Biergarten oder auf dem Spielplatz an. Einige hundert Meter weiter steht eine ausführliche Tafel zum *Obst- und Naturlehrpfad Ostfildern*. Wir bekommen einiges davon mit, wenn wir – nach Querung der ehemaligen Straßenbahn Esslingen – Ostfildern – Neuhausen, von der noch einige alte Oberleitungsmasten erhalten sind, an manchen Erklärungstafeln anhalten.

An der **Wörnizhäuser Mühle** heißt es wieder langsam tun, die Landstraße ist zu überqueren. Noch fließt der gesamte Verkehr von der Autobahn nach Esslingen dort durchs Tal, aber die weit geschwungene Brücke (nur für

Autos) über die Körsch ist schon geschlagen. Oben eine perfekte Straße, unten der Radweg ein Stück weit schmal und sehr „rustikal" – bezeichnend(?), aber wir überstehen auch dies gut. Weiter geht es wieder auf gepflegtem Wirtschaftsweg nach **Denkendorf**.

An warmen Tagen verspricht gleich das **Freibad** (beheizt) willkommene Abkühlung, sonst tut es auch eine Viertelstunde oder mehr in der Kühle der **Denkendorfer Klosterkirche**.

Wir kommen dorthin, indem wir auf die rechte Seite der Körsch wechseln und eine kleine Anhöhe „erklimmen".

Das Kloster steht auf einem mächtigen Klotz aus Tuffstein, aber nicht vulkanischer Herkunft, wie die Nähe zu Scharnhausen vermuten lassen könnte, sondern von einer kalkhaltigen Quelle geschaffen (Quellkalk). – Gegründet wurde das Kloster anläßlich einer Pilgerfahrt nach Jerusalem, die der Ortsherr von Denkendorf um 1125 im Gefolge von Kreuzfahrern unternahm. Bis 1200 war das erste (romanische) Kloster von den Chorherren erbaut und der heute noch stehende Turm errichtet worden. Schenkungen und sonstige gute Einkünfte haben sie dann die alte Kirche abreißen und die neue zwischen 1200 und 1250 erbauen lassen – wie sie heute erhalten ist. Auf Jerusalem weist unter anderem das Patriarchenkreuz von Jerusalem hin: Wahrzeichen des Klosters, zu sehen auf Grabmalen in der Vorhalle, an der Kanzel und auf verschiedenen Gewölbe-Schlußsteinen. Dann sollten Sie auch in die **Krypta** hinabsteigen: In den Boden des überraschend hohen Raumes ist ein leeres Grab eingelassen. Hier feierten die Ordensbrüder, wie am Heiligen Grab ihrer Mutterkirche zu Jerusalem, den Tod und die Auferstehung Christi. Nach dem Zusammenbruch der Kreuzfahrerherrschaft im Jahre 1291 wurde Denkendorf, besonders am Karfreitag, zu einem stark besuchten Wallfahrtsziel.

1377 wurde das Kloster – im Machtkampf zwischen den Grafen von Wirtemberg und der Reichsstadt Esslingen – zerstört. Erst zwischen 1449 und 1508 konnte der Orden Kapitelsaal und Kreuzgang im spätgotischen Stil neu erbauen lassen. Kunstverständige Pröpste sorgten noch vor der Reformation für eine gute Ausstattung. Von der Reformation sieht man den Bauten direkt nichts an, außer daß heute darin eine Fortbildungsstätte der Evangelischen Landeskirche untergebracht ist.

Vom Klosterhügel fahren wir am besten hinunter an den Maierhof. Dort erst sehen wir die mächtige Ostwand von Krypta und Kirche. In dieser Richtung – nach Osten – weiter zur Landstraße von Neuhausen, diese etwa 300 m benutzen, und dann rechts ab in den **Heerweg** (kleines Gewerbegebiet). Leicht links, nach einer Biegung, queren wir die Radroute aus dem Sulzbachtal Richtung Deizisau und Esslingen (siehe Nr. 12, Fildertour) und gewinnen über die zweite Querstraße nach links, die Untere Gänsweide, schnell an Höhe. Am Rand der Siedlung (rechts der Körsch) kommen wir bald nahe dem *Sonnenhof*, wo sich außer montags Einkehr anbietet. – Am Siedlungsende links, dann vor der Landstraße wieder rechts fahren wir auf Wirtschaftswegen weiter, biegen nach knapp 1 km rechts Richtung **Wangerhöfe** ab, wenden uns am ersten Haus wieder links und fahren durch weite, baum- und strauchlose Felder auf **Köngen** zu. An der markanten *Friedenslinde* vorbei geht es schräg links weiter bis zum Ortsrand, der sich zur Zeit nach Westen ausdehnt.

Wir passieren das Baugebiet **Schlehenweg,** in dem Wohnungen und Häuser mit Unterstützung der Gemeinde und des Landes erstellt wurden und werden. Die Energieversorgung funktioniert nach einem Nahwärmekonzept – Sonne und Erdgas teilen sich die Arbeit, die Wohnungen und das Brauchwasser zu erhitzen. Hier, zwischen alter und neuer Siedlung, biegen wir rechts in den Burgweg ab, fahren geradeaus bis zur Ringstraße, diese links und kommen gleich zum **Römerpark:**

Auf dem Gelände des Römerkastells „Grinario" – dem sich im 1. Jahrhundert n. Chr. eine Siedlung mit sicher 3000 Einwohnern anschloß – haben der Schwäbische Albverein, dem das Areal gehört, und die Gemeinde Köngen allerhand anschaulich dargestellt: Im architektonisch ansprechenden Museum (1988 erbaut) reichen die Themen von den weltweiten Handelsbeziehungen der Römer bis zu ihrer Verwaltungsgliederung, der Totenehrung und anderem mehr. Weil das Museum nur von April bis Oktober an Sonn- und Feiertagen von 10.00–18.00 Uhr oder für Gruppen und Schulklassen nach Voranmeldung zusätzlich geöffnet ist (Telefon 0 70 24 / 8 00 70), ist es für uns von Vorteil, daß auch zahlreiche Exponate im Freien zu sehen sind. Wer noch mehr wissen will, besorge sich bei der Gemeinde „Auf die Plätze, Römer, los!" – ein von Schülern der Römer-AG der Köngener Burgschule erarbeitetes, liebevoll und fachlich völlig richtig zusammengestelltes Buch.

In die Ortsmitte kommen wir über folgende Straßen: vom Parkplatz am Museumsplatz rechts die Ringstraße, gerade zur Kastellstraße, rechts die Schillerstraße, links die Kehlstraße, über die Kirchheimer Straße (Fußgängerampel) weg zur Unteren Neuen Straße und zur **Fußgängerzone Hirschstraße**. Einkehr (und Einkauf) ist hier in verschiedenen Lokalitäten möglich – wer nichts braucht, fährt am anderen Ende der Fußgängerzone, dort rechts, die Unterdorfstraße bergab bis zur Landstraße Richtung **Wernau**. Diese links und nach kurzem Weg auf der Straße, nimmt der Rest unserer Route, dank aufeinanderfolgender und mit der Radwegweisung „Deizisau" versehener Wirtschaftswege links der Landstraße, später der autobahnähnlichen Bundesstraßen 313 und 10, einen ungefährdeten, aber lauten Verlauf.

Wir erleben hier gewaltige Kontraste: links der *Schonwald Elternstein* am Hang zum Neckar, wo in „einem Eiche-Altbestand mit großer Biotopvielfalt" für die „Sicherung zahlreicher stark bedrohter Arten und den Schutz von Totholzbeständen" gesorgt werden soll. Hohe Ziele, an deren Verwirklichung man angesichts des gigantischen Plochinger Autostraßen-Dreiecks und der kompletten (industriellen) Nutzung des Neckartals von Plochingen bis Stuttgart doch in Zweifel geraten kann.

Wir radeln also – vielleicht in derlei Gedanken vertieft – bis zur Landstraße Deizisau – Plochingen und biegen rechts über die Brücke ab zum Bahnhof **Plochingen** (S-Bahn).

Tour 12

Vom Filderkraut hinunter nach Esslingen zu den „Zwieblingern"

Leinfelden – Plattenhardt – Aichtal – Körschtal – Esslingen

Unsere Route zieht sich durch die westliche Hälfte des großen, dichtbesiedelten Kreises Esslingen. Drei der sechs im Kreis vertretenen Naturräume berühren wir: Zunächst die *Filder*, das heißt soviel wie „Felder" und trifft mit Einschränkungen bis heute zu. Dann streifen wir gleich noch den Rand des *Schönbuchs*, von dessen Höhe wir weit schauen: über die gesamten Fildern, auch über das *Neckartal*, das Ziel dieser Tour. Erst am *Schurwald*, dem größtenteils bewaldeten Höhenzug dahinter, bleiben die Augen haften. Auch an ihm hat der Kreis Esslingen einigen Anteil. Ebenso am *Albvorland* und sogar an einem Stück *Alb* bei Schopfloch und Ochsenwang, dort mit Höhen bis über 800 m.

Die ausgezeichneten Böden auf den Fildern werden schon seit langer Zeit intensiv genutzt. Berühmt ist das *Filderkraut*, speziell der Weißkohl in spitzer Form. Allerdings gerät die Landwirtschaft zunehmend ins Hintertreffen gegen vielfältige Ansprüche: Große Straßen wie die jüngst verbreiterte A 8 oder die B 27 „knabbern" an dem, was Vollerwerbslandwirte zum Leben brauchen. Ebenso stieß der Ausbau des Flughafens nicht bei allen Bewohnern auf Gegenliebe. Siedlungen und Gewerbeflächen legen zu. So bewegen wir uns in einer oft vollständig „möblierten" Umgebung, finden aber noch offene Landschaft mit Bächen, Streuobstwiesen, lichtem Laubwald. – Was es mit dem Spitznamen für die Esslinger, deren schöne, alte Stadt wir auch besuchen, auf sich hat, lesen Sie weiter hinten.

Start: S-Bahnhof Leinfelden (S 2 und 3, 10/20- oder 20/40-Minuten-Takt)

Ziel. Bahnhof Esslingen (S 1, 30-Minuten-Takt, oder Eilzüge)

Streckenlänge: 40 km

Schwierigkeitsgrad: mittelschwer, überwiegend auf asphaltierten Wirtschaftswegen, einige Kilometer geschotterte Waldwege

Karten: Stuttgart und Umgebung, TK 1 : 50 000, Blatt 14 (LVA)

In Leinfelden und Echterdingen sind wir inmitten des bekannten Krautanbaugebietes auf den **Fildern**. Die *Krautbauern* – was bitte nicht als Schimpfwort zu verstehen ist (!) – konnten bis in jüngste Vergangenheit ihr Filderkraut an eine ortsansässige Krautfabrik verkaufen. Die Firma verlegte die Konservenproduktion nach Schleswig-Holstein, die anderen Abnehmer in der Region haben nicht die Kapazität, um alles abzunehmen, der Krautpreis ging in den Keller. Direktvermarktung von frischen Krautköpfen ist ein Ausweg für manche Landwirte. Sie setzt aber voraus, daß genügend Leute Kraut selbst einschneiden und einsäuern. Merken Sie sich jedenfalls das Filderkrautfest im Herbst in Leinfelden-Echterdingen; vielleicht bekommen Sie dort Appetit und Anregungen!?

Wir benutzen am **Bahnhof Leinfelden** die breiten Bahnsteige und kombinierten Fuß-/Radwege, um bequem loszuradeln: Ohne Unterführung oder Schieberampen einfach weiter wie die Fahrtrichtung der S-Bahn zum Endbahnhof Flughafen, auf einem Weg zwischen Bahn und der hohen Rückwand des neuen Einkaufszentrums erreichen wir den Parkplatz desselben und den Beginn der **Markomannenstraße.** Über die Echterdinger Straße weg folgen wir den Wegweisern zum *Spielkartenmuseum,* biegen rechts in die *Lengenfeldstraße* und später links in die *Gormannstraße.* Bald sind wir am Rand der ruhigen Siedlung, lassen die Sportplätze rechts liegen und benutzen einen schmalen Verbindungsweg bis zur Querung der alten B 27, der Tübinger Straße. Auf der anderen Seite der Straße kommen wir mit Hilfe des Waldweges, der an einer ehemaligen Deponie vorbeizieht, hinauf zur **Weidacher Höhe** mit dem Waldgewann *Federlesmahd.*

In ihm liegen rechter Hand eine gut erhaltene **keltische Viereckschanze** und ein **Grabhügelfeld** aus der Hallstattzeit (um 600 v. Chr.). Wir erreichen beides nach wenigen hundert Metern gerader Fahrt bis zu einem großen Waldspielplatz mit Grillplatz.

oster Hirsau (Tour 15)

Feines aus dem Dorfbackhaus Unterjettingen (Tour 15)

Radrennen auf der Öschelbronner Bahn (Tour 15)

Nehmen Sie sich etwas Zeit, es lohnt sich: Im Rahmen eines archäologischen Lehrpfads mit einigen Informationstafeln bekommen wir vieles erklärt. So zum Beispiel auch, daß die frühere Deutung der „Viereckschanzen" als Fliehburgen wahrscheinlich gar nicht stimmt. Abweichend von der noch üblichen Bezeichnung auf Karten und in der Literatur hier die heutige Interpretation: Die Kelten versahen ihre heiligen Bezirke mit Spitzgraben und Wall. Im Federlesmahd legten sie diese „Schanze" um einen tiefen, ausgehobenen Brunnen an. Ein paar Minuten zu Fuß dorthin geben uns einen Eindruck.

Vom Spielplatz wieder mit dem Rad einfach den Hauptweg abwärts und bis zum Waldrand. Erneut bringt eine *Lehrtafel* Licht in Sachverhalte, die allein mit Worten nur unzureichend zu erklären sind:

Die **Geologie der Filder** ist durch einen *tektonischen Grabenbruch* mit Rändern von Nordwesten nach Südosten gekennzeichnet. Auf der einen Seite, unserem Standpunkt, überragt der Schönbuchrand die dazwischen eingesunkene Filder-Scholle. Die andere Begrenzung ist der Schurwald. Das alles spielte sich zwar vor 15 bis 20 Millionen Jahren ab, ist aber bis heute an der Geländeform gut zu erkennen. Außerdem geben Bewuchs und Nutzung klare Hinweise: Die Grabenränder aus wenig fruchtbaren Keupersandsteinen – Schönbuch und Schurwald – tragen viel Wald. Auf der Filderfläche dazwischen konnten sich Juragesteine plus eine viel später, in den Eiszeiten, hergewehte Lößauflage gut erhalten. Sehr fruchtbar sind die besten Böden, zu denen der Lößlehm verwittert. Seit der Jungsteinzeit wußten das die Menschen, betrieben stets Ackerbau. Auch eine bis Anfang unseres Jahrhunderts blühende Ziegelindustrie hat sich den Filderlehm zunutze gemacht.

Von der Lehrtafel zur Geologie fahren wir entlang dem Waldrand nach Südosten. Halten wir uns, wie die Fußgänger, die nächsten etwa 7 km an das Zeichen roter Balken des SAV, so erreichen wir schließlich den Uhlbergturm.

Davor gibt es aber etwas ökologisch Wertvolles zu sehen: Streuobstwiesen mit krummstämmigen Baumgestalten und manchen Büschen. Als nach jahrelanger „Ausräumung" der Landschaft diese nicht nur für zahlreiche Vogelarten lebenswichtigen Biotope mehr und mehr zu verschwinden drohten, ver

deutliche Steigung

0 1 2,5 5 km

suchte man seitens der Gemeinden und des Landkreises gegenzusteuern. Zum Teil ist es sicher gelungen.

Nach **Stetten** hinein, über die Siebenmühlen- und Jahnstraße, dann schräg rechts die Erlachstraße wieder hinaus und am Waldheim Bernhauser Forst vorbei. Dort ist ein kurzes Stück der Schotterweg recht schlecht, bevor wir **Plattenhardt** erreichen. Weiter stets am Waldrand – links Bebauung älteren und jüngeren Datums – halten wir uns an den Höhenweg Im Welle. Dann rechts in die Finkenstraße bis zur Kreuzung, dort kurz links und gleich wieder rechts in die *Panoramastraße*. Zuvor aber Halt!

Sollten Sie Interesse an einer ganz anderen Radsportart haben, dann achten Sie auf die dort gelegene Gaststätte des R. V. Pfeil Plattenhardt. Unter Telefon 07 11/77 13 54 erfahren Sie sicher, wann der Verein sein Volksradfahren im Frühjahr und zweimal im Jahr Radbasar veranstaltet. Im Winter gibt es 2 bis 3 Heimspiele im Radball – vielleicht schaut man einmal vorbei?

Weiter die Panoramastraße bis zu einer Rechtskurve, danach schräg links auf einen Wirtschaftsweg, der bergab über die Schönbuchstraße zur Forststraße hinführt, und an deren Ende rechts ab. Vorne an der Hauptstraße kurz links und wieder rechts, dann sind wir auf dem Waldweg zum **Uhlbergturm**. Wir erreichen ihn nach wenigen Minuten fein geschotterter Strecke.

Auf einem Schönbuch-Randberg, der nach drei Seiten abfällt, steht hoch über dem Aichtal der 1962 vom Schwäbischen Albverein errichtete Turm. Er ist Ersatz für einen Im Zweiten Weltkrieg zerstörten Vorgänger. Der Turm ist außer mittwochs immer offen, ein kleiner Kiosk hält Stärkung bereit. Daneben kann man unterstehen und vespern. Auf 469 m Höhe gelegen, dazu 25 m Turm – das sorgt für einen guten Blick vor allem zur Front der Schwäbischen Alb im Süden.

Vom Turm weg auf einem anfangs zum Teil sehr steilen Weg abwärts (WW-Zeichen roter Balken) – eventuell hier besser schieben – und noch vor dem Wanderparkplatz rechts ab. An einer Gabelung kurz darauf wieder den linken Weg wählen, eine Schranke passieren und einige Zeit dem WW-Zeichen blauer Balken folgen. Wir dürfen

uns einer langen Abfahrt erfreuen, die ins Aichtal hinab-
führt. Zum Schluß geht es an einem Sportgelände vorbei,
unter der hohen Brücke der (neuen) B 27 durch und eine
Anliegerstraße hinab bis zur Aichtalstraße. Hier am Ortsrand von **Aich** queren wir Hauptstraße und Flüßchen,
halten uns links und folgen den Radwegweisern nach
Grötzingen. – Wer ohne Schatten rasten mag, kann dies
jetzt auf einem Spiel- und Bolzplatz tun. Oder wir heben
uns die Zeit auf für eine Pause in **Grötzingen**, das wir
nach wenigen Minuten erreichen: erst auf einem Weg
entlang der Aich, dann unter der Brücke der B 312
(Schnellstraße nach Reutlingen und nach einem früheren
Oberbürgermeister „Via Kalbfell" genannt) hin zur Landstraße, dort auf parallelem Weg und später wieder nahe
der Aich, wo erneut Spiel-, Sport- und Rastplatz warten.

Grötzingen hat sich seinen von der Landwirtschaft geprägten
Charakter erhalten können. Außerdem sind einige Reste der
alten Stadtmauer wiederhergerichtet. Halten wir uns auf die
Kirche zu, so kommen wir in den malerischen Kern und auch
zum *Heimatmuseum*, das die Ortsgeschichte darstellt, aber nur
am 1. Sonntag im Monat von 10.00–12.00 Uhr offen hat.

An der Kirche rechts, bis zum Rand des alten Dorfkerns,
vor dem Weiherbach links bis zur Hauptstraße, der Landstraße Richtung Nürtingen. Die Hauptstraße und den
Bach nach rechts queren, gleich wieder links in die **Lin-
denstraße**. Sie führt uns leicht bergan, aus Grötzingen
hinaus, und an zwei Wegegabelungen jeweils rechts kommen wir in die sanfte Mulde des **Altgrötzinger Tals**.

Zwar müssen die Landwirte auf den Fildern jeden verfügbaren
Quadratmeter Boden nützen, hier ist jedoch noch Platz für
naturnahe Bereiche geblieben. Schön ist im Frühling die Zone
um eine Quelle: mit feuchten Wiesen und entsprechenden
Blumen – doch wir halten Abstand, genießen aus der Distanz.

Es geht weiter leicht aufwärts, denn auch die Fildern sind
gewellt und weisen Täler auf. Bis wir auf eine Landstraße
stoßen, diese nach links weiter benutzen, wird es ein
Stück weit eben. An der fast rechtwinkligen Rechtskurve
biegen wir kurz links und wieder rechts in Wirtschaftswege ein, folgen der beschilderten Radroute Nr. 7.

Wolfschlugen, das von einigen Streuobstwiesen und manchem Aussiedlerhof umgeben ist, wird von uns gar nicht berührt.

Etwa 1 km nach der letzten Wegkreuzung kommen wir wieder an einen Hof, biegen bei ihm rechts ab und stoßen auf die Landstraße von Filderstadt-Sielmingen nach Wolfschlugen. Diese für etwa 50 m benützen, dann gleich wieder scharf links. Auf diesem Weg steigt es leicht an, aber dadurch gewinnen wir weiten Überblick, vor allem Richtung Neckartal und Alb im Südosten. Auf der Höhe wieder rechts und bis zur Straße, neben der wir aber gleich links auf einem Weg bleiben. Genau nach Norden ein Stück abwärts, ehe die Straße nach rechts zu einem Wanderparkplatz hin überquert werden kann. Dann fahren wir in schönen Laubwald hinein, biegen an der ersten Wegegabelung links ein. In weitem Bogen geht es nach rechts. Wir sind stets dem Waldrand nah, bekommen so zunächst entlang dem **Rotbach**, dann dem **Sulzbach** einiges mit, was den Reiz und den ökologischen Wert des großen Waldgebiets **Sauhag** ausmacht. Die Bäche überqueren wir dabei nicht.

Der Sauhag zwischen Wolfschlugen, Neuhausen, Denkendorf im Einzugsbereich der Körsch sowie Unterensingen und Köngen nahe dem Neckar ist das größte *Landschaftsschutzgebiet* der Filder. Es umfaßt mit abwechslungs- und artenreichen Waldsäumen, Waldlichtungen, Feuchtgebieten inmitten des großen Waldgebiets eine Vielzahl von Lebensräumen.

Unter dem Sulzbachtalviadukt der A 8 hindurch kommen wir schnell nach **Denkendorf**. Zum *Kloster* müssen Sie gleich links durch den Heerweg bis zur Landstraße, diese links und bald wieder rechts. Zum *Freibad* geht es noch ein Stück weiter körschaufwärts. – Wer gleich weiter Richtung *Esslingen* fährt, biegt aus dem Sulzbachtal erst gar nicht ab und fährt bis vor zur Straße von Köngen her. Diese für etwa 200 m links, dann nach der Körschbrücke wieder rechts. Durch das Gewerbegebiet gelangen wir immer geradeaus auf einen straßenbegleitenden Radweg.

In Fahrtrichtung zeigt sich mehr und mehr der gut 200 m hohe Turm des Kraftwerks Altbach. Man kann sich an dieser modernen Landmarke genau orientieren und feststellen, wo Esslingen liegt, wenn man beispielsweise auf der Alb steht.

Unsere Radwege sind jetzt leider schmal und abschnittsweise in schlechtem Zustand. An der ampelgeregelten Kreuzung überqueren wir die Landstraße nach links, halten uns links der Straße Richtung Esslingen und benutzen den Weg bis **Sirnau**. In diesen Esslinger Stadtteil kommen wir, wenn die Straße vorsichtig gequert und anschließend gleich links abgebogen wird. Dann wird es wieder ruhig auf oder neben unserer Route.

Sirnau muß schon zur Zeit der Alemannen – man fand hier ein Reihengräberfeld – besiedelt gewesen sein. Das heutige Bild von Sirnau wird durch liebevoll renovierte, zum Teil auch kräftig ausgebaute, ursprünglich sehr kleine Häuser bestimmt. Als ehemals reine Arbeitersiedlung liegt Sirnau vom Stadtkern zwar getrennt durch den Neckar und auch die Schnellstraße B 10, dennoch ist der Weg in das Industriegebiet nicht weit:

Wir kommen von Osten nach Sirnau hinein, benutzen beliebig eine der Querstraßen nach rechts. Vor der Lärmschutzwand der B 10 angelangt, fahren wir den **Spechtweg** nach links, bis wir mit Hilfe einer langen und bis unter den Neckarkanal hinunterreichenden Unterführung auf eine *Neckarinsel* kommen. Die gehört schon zum innerstädtischen Naherholungsgebiet, das sich schmal den Fluß entlang oder eben mitten zwischen seinen kanalisierten Armen erstreckt. Vorbei an einer Kunsteisbahn fahren wir auf dem Fuß- und Radweg bis zu einem schönen Holzsteg. Hinüber und gleich wieder links entlang dem Neckar, bis wir etwas weg vom Fluß auf einen Radweg neben der Straße Richtung Stadtmitte kommen. Vorbei am Zaun des langgestreckten **Freibads** fahren wir bis kurz vor eine Bahnunterführung. – Zuvor geht es aber wieder links, am Landratsamt und dem Technischen Rathaus vorbei, bis wir erneut nah am Neckar fahren können. An der Villa Merkel, der Städtischen Galerie, vorbei und der Gaststätte vom Kanuverein führt uns der **Färbertörlesweg** auf die **Pliensaubrücke**.

Sie wurde 1286 erbaut und war früher mit drei Türmen versehen, die zur Befestigung der *Pliensauvorstadt* gehörten. Also zogen sich Mauern der **Freien Reichsstadt Esslingen**, 1298 wird sie erstmals so benannt, vom großen Stadtkern rechts des Neckar über diese Brücke in die Vorstadt links vom Fluß. In der Befestigung steckte viel Geld, das vor allem durch Weinanbau und -handel seit dem Mittelalter verdient werden konnte. Ganz wichtig wurde der starke Mauerschutz aber kein Vierteljahrhundert später, als Esslingen im Reichskrieg Heinrichs VII. von 1310 bis 1313 die Hauptlast trug. Auf seiten des Kaisers zogen die Esslinger gegen den Grafen Eberhard I. von Württemberg.

Jahrhundertelang ging es dann hin und her. Der Konflikt zwischen Freier Reichsstadt und Landesfürst führte sicher öfters dazu, daß Esslinger Truppen württembergische Untertanen plagten, also „zwiebelten". Dies wäre die eine Deutung des Spitznamens. Die andere steht in der Stadtsage: Als der Teufel einst von einem Esslinger Marktweib einen Apfel verlangte, erkannte sie ihn trotz seiner feinen Kleider am darunter hervorlugenden Pferdefuß. Statt des Apfels gab sie ihm eine saftige Zwiebel. Er biß blindlings hinein, schrie wütend auf und hängte den stolzen Esslingern fortan den Necknamen **„Zwieblinger"** an. – Daß das so schlimm nicht sein kann, zeigt aber das Esslinger Zwiebelfest, das jedes Jahr in der zweiten Augusthälfte gefeiert wird.

Von dem einen noch erhaltenen Pliensauturm am nördlichen Brückenkopf sind es auf der gepflasterten Straßenrampe nur wenige Meter zum **Bahnhof**. Früher floß hier der Hauptverkehr in die Fildervororte Esslingens, unter anderem auch mit der Straßenbahn, deren Schienenreste auf der Rampe erhalten sind

Vom Bahnhof aus können wir nach Belieben mit oder besser ohne Rad eine Stadtbesichtigung anschließen: zum Beispiel zur Stadtkirche St. Dionys mit ihren herrlichen mittelalterlichen Fenstern, die aber wohl bis 1995 einschließlich zur Restauration ausgebaut sein werden. Oder gleich zum Marktplatz daneben, der von ehrwürdigen Häusern gesäumt ist. Mit etwas Zeit langt es sogar zu einem steilen Spaziergang über die Burgsteige hinauf zum Dicken Turm – ein prächtiger, berühmter Blick über Weinberge hinweg auf den mittelalterlichen Stadtkern ist der Lohn. Und dann fährt ja jede halbe Stunde eine S-Bahn, Sie können also auch noch irgendwo in der Stadt einkehren.

Tour 13

Schönbuch ausgiebig und wunderschön

Leinfelden – Siebenmühlental – Aichtal – Schaichtal – Bebenhausen – Herrenberg

Der **Schönbuch** als ältester *Naturpark* Baden-Württembergs (1972) ist immer einen Ausflug wert. Mehr als 150 qkm wurden bereits 1967 als Landschaftsschutzgebiet ausgewiesen. Im Wald halten Laub- und Nadelhölzer etwa gleiche Anteile, allerdings wird spätestens seit den verheerenden Stürmen im Frühjahr 1990 Wert darauf gelegt, noch mehr Laubbäume zu pflanzen. Denn die langen Stämme der Fichten, Tannen und Kiefern splitterten damals oft wie Streichhölzer. Erschlossen ist der große Forst durch zahlreiche gut befestigte, aber nur in ganz kleinen Teilen geteerte Wege. Der Hauptzugang von Stuttgart her, die ehemalige Bahnlinie Leinfelden – Waldenbuch durch das *Siebenmühlental*, ist jedoch geteert und entsprechend stark befahren. Abseits von solchen beliebten Strecken finden sich noch ziemlich ursprüngliche Bereiche. Sie dürfen aber nicht erwarten, auf echten Urwald, sprich Bannwald zu stoßen, denn der Schönbuch ist ja in weiten Teilen Nutzwald. Und seien wir mal ehrlich: Es fährt sich am angenehmsten auf einem gepflegt mit feinem Splitt versehenen Forstweg, auf dem auch noch Platz für Läufer, Wanderer und Spaziergänger ist.

Unsere Tour beginnt in Leinfelden am S-Bahnhof. Sie können aber auch einfach über ausgeschilderte Wege von Stuttgart-Degerloch, Stuttgart-Vaihingen oder Oberaichen zwischen Musberg und Leinfelden auf den „Radler-Highway" stoßen.

Start: S-Bahnhof Leinfelden (S 2 und 3, 10/20- oder 20/40-Minuten-Takt)

Ziel: Bahnhof Herrenberg (S 1, 30-Minuten-Takt, oder Eilzüge)

Streckenlänge: 54 km

Schwierigkeitsgrad: mittelschwer bis schwer, überwiegend geschotterte Waldwege guter Qualität

Bemerkung: Wer Natur pur erleben möchte, sollte diese Tour nicht an einem ausgesprochenen Ausflugstag vorsehen.

Karten: Stuttgart und Umgebung, TK 1:50 000, Naturpark Schönbuch, TK 1:35 000 (LVA)

Seit Jahrzehnten ist die ehemalige Stichbahnstrecke nach Waldenbuch als Wander- und Radwanderweg ausgewiesen, und dieses „Schmankerl" sollte sich niemand entgehen lassen. Vom **Bahnhof Leinfelden** ist der Weg leicht zu erreichen.

Wir verlassen den Bahnhof zum *Neuen Markt*, den wir queren und nach rechts verlassen, um dann links in die Narzissenstraße abzubiegen. Bereits nach 100 m gelangen wir auf erste Teile des (Rad-)Wanderweges, durchfahren einen Tunnel, queren die Musberger Straße und folgen den weißen Wegweisern zum **Siebenmühlental**. Eine detaillierte Beschreibung der nächsten 8 km bis zur **Burkhardtsmühle** ist nicht nötig, es geht immer geradeaus meist leicht bergab, nur an einer Stelle muß die Vorfahrt der kleinen Straße Echterdingen – Schlößlesmühle – Waldenbuch (alte Poststraße) beachtet werden.

Um so mehr Zeit bleibt, das herrliche Tal zu genießen, das der *Reichenbach*, ein linker Zufluß zur Aich, geschaffen hat: meist Laubwald, doch abschnittsweise Weiden für Kühe und Pferde, bucklige Obstbaumwiesen bis an den sich windenden Bach, dann wieder ein Stück Wald – im Nu ist die Burkhardtsmühle mit Imbißstube und Restaurant erreicht.

Wir rollen über beide Brücken der alten Bahnlinie, biegen dann links in einen kurzen Verbindungsweg zum Wanderparkplatz und fahren geradeaus mit Radwegweiser gut 3 km nach **Aichtal-Neuenhaus.** Bei der Kirche dort schräg rechts wieder ausgeschildert über die Mozartstraße zum unteren Ende des Schaichtals.

Noch stärker als zuvor das Siebenmühlental und das Aichtal zeigt das **Schaichtal** alle Reize eines fast naturbelassenen Tals. Die Eingriffe und Veränderungen, so durch Aufstau kleinerer, schilfbestandener Weiher oder die Fassung von Quellen zu romantisch anmutenden Brunnen, sind gering und passen hierher. Die Talaue ist schmal, hin und wieder bringen Waldwiesen mehr Licht in den Grund, den wir über 6 km verfolgen.

Mal links, dann wieder rechts des Flüßchens; am Häfner-Brunnen auf halber Wegstrecke befolgen wir vielleicht den Spruch „Ein kühler Trunk labt Herz und Mund", denn es wartet bald ein Anstieg, der aber mäßig verläuft: auf der „Hofmeistersteige" in zwei großen Kurven links aus dem Schaichtal hinauf. Zur Orientierung dient auch eine Hochspannungsleitung quer übers Tal. Sie wird nach knapp 1 km Anstieg zum erstenmal unterquert. Nach etwa 1,5 km geht es scharf links ab, auf dem „Schwarzhauweg", vorbei an einer Hütte, nur noch leicht bis mäßig ansteigend (WW-Zeichen blaues Kreuz), erneut unter der Leitung durch bis zum weitere 1,5 km entfernten Aussichtspunkt **Albblick** (485 m) am Waldrand.

Unter blühenden oder gar schon früchtetragenden Obstbäumen ein Vesper in Ruhe zu verzehren, vielleicht die markanten Berge am Albtrauf der Reihe nach betrachten zu können: Hohenneuffen, Jusi, Achalm, Roßberg oder gar den Hohenzollern – was gibt es Schöneres für eine Rast?

Hier oben, am Rand des Naturparks, aber immer noch im Naturraum Schönbuch, sehen wir, was es hier auch gibt: gerodete Gebiete, auf denen Ackerbau betrieben wird. Obstbäume gedeihen – und auch die Orte wachsen leider weiter, in der Regel mit flächenintensiven Ein- bis Zweifamilienhaussiedlungen. Nur ein Ort nicht: Bebenhausen, unser nächstes Ziel.

Bevor wir dort hinkommen, gibt es aber lange, abwechslungsreiche Waldpassagen: Vom Albblick geht es im spitzen Winkel zur Richtung zuvor nach rechts – nach Westen. Wieder dient die Hochspannungsleitung der Orientierung, kurz bevor wir sie unterqueren, führt ein Weg nach links, zur Landstraße 388 Dettenhausen – Walddorf. Auf der Straße wenige Meter rechts, dann schräg links in den Wald: Wir folgen der schnurgeraden **Eschachhau-Allee**, an der Rindenhütte vorbei, leicht bergan, bis an einem T-förmigen Wegkreuz die **Eisenbachhain-Eiche** auf den gleichnamigen Bannwald daneben verweist.

Seit 1936 unter *Naturschutz* gestellt, vor Jahrhunderten jedoch durch die damals übliche Nutzung arg strapaziert, ist hier ein Stück Weidewald oder Hütewald überliefert. Die Bauern trieben früher ihr Vieh in den Wald, und es fraß eben zu gerne die frischen jungen Triebe. So blieben im wesentlichen nur bereits größere Eichen, Buchen oder Birken stehen. Sie sind heute das schönste Merkmal des Bannwalds, in dem sich weite, hallenartige Bereiche mit Lichtungen abwechseln.

Nach diesem schönen Blick in die Geschichte des Schönbuchs wenden wir uns nach Norden, bis zur Landstraße, fahren diese links bis zur Kreuzung, wieder links – Straße nach Tübingen – und nach 300 m rechts. Runter von der Asphaltpiste, das linke Gatter passieren und bitte wieder sorgfältig verschließen, damit das Wild nicht entweichen kann, danach rechts halten, wo es bald abwärts geht. Zwei Serpentinen führen hinunter ins **Kirnbachtal**. Waldpassagen wechseln mit Waldwiesen, schöne Rastplätze an Wegkreuzungen oder Brunnen laden ein.

Wir befinden uns in einem etwa 4000 ha großen Staatswald, einem großen, ganz eingezäunten **Rotwildgehege**. Ein Überbleibsel feudaler Zeiten, als Könige und ihre Gäste von Bebenhausen aus auf die Jagd gingen. Ob es nun angesichts starken Wildbesatzes sinnvoll sein mag oder nicht, wir müssen laut Naturschutzgesetz die Ruhezonen für das Wild beachten und dürfen die festen Wege nicht verlassen. An mehreren Stellen leuchten die Gesteinsschichten des Mittleren Keuper aus Anrissen, die der Kirnbach geschaffen hat; tiefrote, grünlichgraue, fast violette Tone und Mergel in schnellem Wechsel, und dann fließt der Bach immer wieder über dünne, harte Kalksandsteinplatten (Steinmergel), nimmt quasi „Anlauf", ehe das Wasser über einen kleinen Fall eine Stufe tiefer stürzt. Kompakt gibt es die Einführung in die örtliche Geologie auf einer *Übersichtstafel* am unteren Ende des Tals. Wer mehr Zeit mitbringt, kann auch den **geologischen Lehrpfad** über den Kirnberg begehen.

Mit oder ohne erdgeschichtliche Einlage, die Radstrecke erfordert jetzt vorsichtiges Queren der B 27, um zum parallel verlaufenden Fuß- und Radweg nach Bebenhausen zu gelangen. Also: jenseits der Straße rechts weiter, und nach wenigen Minuten erreichen wir **Bebenhausen**.

Es ist der einzige Ort inmitten des Naturparks. Das historische Ortsbild steht komplett unter Denkmalschutz, mit einem gut erhaltenen **Zisterzienserkloster** als Kern, dessen Anfänge im späten 12. Jahrhundert liegen. Die Verbindungen zu Tübingen waren immer stark, sind es heute noch, denn Bebenhausen ist ein Stadtteil der jungen Universitätsstadt am Neckar. – Die wohlhabenden Bebenhausener Mönche können sich eine stattliche Kirche bauen lassen, die 1228 geweiht wird. 1301 verkauft der hoch verschuldete Pfalzgraf Gottfried von Tübingen seine Burg nebst Stadt an das Kloster Bebenhausen! Dieses erfreut sich des Besitzes allerdings nicht einmal ein Jahr. 1342 geht Tübingen dann an die Grafen von Württemberg. Was danach alles geschah – Reformation, Einrichtung der höheren evangelischen Klosterschule, Bau des königlichen **Jagdschlosses** von 1807 bis 1811 – kann hier nicht in Einzelheiten aufgezählt werden. Einige Details, die für Radler und an Politik Interessierte von Belang sind, wollen wir Ihnen aber nicht vorenthalten: Der letzte württembergische König, Wilhelm II., war wohl weniger als seine Vorgänger der Jagdleidenschaft verfallen. Manche Trophäe an den Wänden des Jagdschlosses stammt indes von seiner Frau Frau Charlotte, die gerne auf die Pirsch gegangen sein soll. Und sie frönte einer weiteren Leidenschaft, dem Fahrradfahren. Zu Zeiten als amtierende Königin – bis 1918 zur Abdankung des Königspaares – konnte sie dies sicher kaum in der Öffentlichkeit tun. Wilhelm und Charlotte lebten nach 1918 in Bebenhausen, er starb 1921, sie überlebte ihn um ein Vierteljahrhundert. Und viele Jahre dienten ihr die Wege in den Schönbuch zum Radeln, manchmal auch der Kreuzgang des Klosters, so wird jedenfalls berichtet. Über solche und weitere intime Dinge lassen Sie sich am besten bei einer Schloßführung unterrichten. Denn es gab ja noch von 1946 bis 1952 das Land *Württemberg-Hohenzollern*, einer der Vorläuferstaaten zum heutigen Baden-Württemberg. Sechs Jahre lang diente Bebenhausen dem Landtag als Sitzungsort. – Das Kloster ist ganzjährig außer montags geöffnet von 10.00–12.00 Uhr und 14.00–17.00 Uhr. Das Schloß ist nur mit Führungen zugänglich: Di bis Fr 9.00, 10.00, 11.00, 14.00, 15.00, 16.00 Uhr, Sa So und Fei 10.00, 11.00, 14.00, 15.00, 16.00 Uhr. Nehmen Sie sich etwa 2 Stunden Zeit für Bebenhausen und die schöne Umgebung.

Sofern Sie nicht gleich Tübingen und den dortigen Bahnhof (Tour 14) ansteuern, geht es weiter nach Herrenberg: das **Große Goldersbachtal** leicht aufwärts, zunächst bis zur *Oskar-Klumpp-Eiche* an einer Spielwiese mit Grillplatz und Wassertretstelle, etwa 4 km

Der mit einem herrlichen Exemplar des deutschen Symbolbaumes schlechthin Geehrte war lange Jahre Oberbürgermeister der Stadt, dann Landrat des Kreises Tübingen. Seinem Wirken ist es wohl hauptsächlich zu verdanken, daß auf den Höhen des Schönbuchs bei Dettenhausen kein internationaler Flughafen gebaut wurde; ehrgeizige Pläne aus der Nachkriegszeit, die jetzt in stark verringertem Ausmaß auf den Fildern bei Echterdingen doch noch umgesetzt werden.

Von dem Namen **Teufelsbrücke** am selben Ort lassen wir uns nicht schrecken, sondern radeln weiter das Große Goldersbachtal aufwärts, das hier nach Nordwesten abknickt, dieses Mal gut 5 km. Dort an der **Neuen Brücke** kommen zwei Gewässer zusammen, Fischbach und Lindach. Wir nutzen das nach Westen ziehende Tal des Fischbachs oder auch Kayher Tal, um weitere knapp 5 km noch einmal deutlich an Höhe zu gewinnen: Am Steigplatz im **Mönchsberger Sattel** sind 525 m erreicht, der höchste Punkt dieser Tour, doch richtig steil ist auch der letzte Anstieg nirgends. – Die Mühe hat sich gelohnt. Gleich am Sattel prangt noch einmal ein farbenprächtiger geologischer Aufschluß in den Bunten Mergeln, wenige hundert Meter weiter, in zwei weiten Kurven abwärts, öffnet sich dann der Blick mehr und mehr. Halten Sie sich am besten links, steuern Sie die kleine Kirche von Herrenberg-**Mönchberg** an und legen eine kleine Pause am Friedhof dort ein.

Die Rundumsicht ist großartig: ganz rechts, im Nordwesten, Herrenberg mit der markanten Stiftskirche, dann die Höhen des Nördlichen und Mittleren Schwarzwalds über den gewellten Flächen des Oberen Gäus. Fast genau im Süden nehmen die oft bläulichen Tausendmeterberge der Südwestalb und der Hohenzollern den Blick genauso gefangen wie davor im Mittelgrund der Kegel mit der Wurmlinger Kapelle obenauf.

Von dem Mönchberger Kirchenhügel steil die Kirchstraße abwärts, die Hauptstraße überqueren, die Bergstraße weiter steil abwärts zum Brunnen in der Ortsmitte, gleich links die Brunnenstraße, über die Weingartenstraße hinweg zum *Appenhaldenweg.* Der geht in einen Wirtschaftsweg über, unterquert bald die Autobahn A 81, verläuft ein kurzes Stück parallel zu ihr und führt bucklig, aber schön durch die reichen Obstwiesen am Rand des Schönbuchs bis nach **Herrenberg**. Noch vor der Siedlung biegen wir rechts ab, nach etwa 200 m links und folgen dann auf Radwegen den Wegweisern in die Altstadt.

Über Herrenberg kann hier nur das Wichtigste kurz berichtet werden. Wie es der Name sagt, gründeten Herren, die Pfalzgrafen von Tübingen im 13. Jahrhundert, die Stadt am Berg. Auf dem Sporn des Schönbuchs ganz weit nach Westen bot und bietet sich ein strategisch überragender Überblick über das fruchtbare Gäu. Dort oben ließen die ersten Herren Herrenbergs eine Burg errichten, die später zum *Schloß* erweitert wurde. Die von starkem Straßenverkehr umgebene, selbst aber verkehrsberuhigte Altstadt bietet viel zum Erkunden. Am besten stellen wir die Räder am Marktplatz ab, steigen einmal eine der steilen Staffeln hoch zur **Stiftskirche**.

Spätestens nachdem das Schloß zerstört war, wurde diese mächtige gotische Hallenkirche, die erste dieser Art in Süddeutschland, zum optischen Mittelpunkt der näheren Umgebung. Sie ist es bis heute geblieben, und selbst flüchtige Besucher der Stadt können sich der Wirkung schwer entziehen. 1276 bis 1293 und dann wieder 1471 bis 1493 baute man intensiv an der Stiftskirche, setzte ihr schließlich zwei spitze, gotische Türme auf. Von Anfang an war das große Bauwerk zu schwer für den gipshaltigen Untergrund aus Keupergestein. Die Schicht reagiert plastisch, seit 700 Jahren kämpft man gegen Risse in den Mauern, saniert immer wieder, versucht, die durchschnittlich 1 mm im Jahr auf die Stadt zu rutschende Kirche mit hohem Aufwand zu bändigen. Zuletzt waren es von 1971 bis 1982 16 Millionen DM für Spannstahlkonstruktionen, vielleicht ist jetzt Ruhe für hundert Jahre? Gleichzeitig entfernte man die jüngeren Emporen im Inneren, so daß der hallenartige Charakter wieder gut herauskommt. Offen ist die Stiftskirche täglich von 13.00–17.00 Uhr außer montags.

Zu sehen gibt es unter anderem das schön geschnitzte *Chorgestühl* von 1517. Heinrich Schickhardt, der Großvater des berühmten württembergischen Baumeisters Heinrich Schickhardt (ein gebürtiger Herrenberger), hat es geschaffen. Dessen Neffe Wilhelm Schickhardt erfand übrigens 1623, knapp 20 Jahre vor

Pascal, eine mechanische Rechenmaschine, im weiten Sinne Vorläuferin heutiger Computer. – Der vielleicht wichtigste Schatz der Herrenberger Stiftskirche war der *Hochaltar* im Chor – bis zu seinem Verkauf 1890 an die Stuttgarter Staatsgalerie. Jörg Ratgeb, geboren 1480 in Schwäbisch Gmünd, hat ihn gemalt. Zunächst Schüler Albrecht Dürers, entwickelte Ratgeb gegen 1520 einen eigenen, schon als expressionistisch zu bezeichnenden Stil, der sich in den Altargemälden zeigt. Der hochangesehene Maler fand im Bauernkrieg einen grausamen Tod.

Genug von der gar nicht beschaulichen Vergangenheit. Wir gehen vielleicht noch hinauf zur **Schloßruine**, studieren die Tafeln des hier beginnenden Naturlehrpfads, kehren kurz im Schloßkeller ein und schlendern langsam entlang den Schenkelmauern wieder in die Stadt zurück.

Ein Blick zurück zur Stiftskirche: zu „der Glucke" vom Gäu. Die barocke Zwiebelhaube, nach 1749 anstatt der bei einer früheren Sanierung abgebrochenen gotischen Türme auf den breiten, einzigen Turm gesetzt, läßt solch einen Vergleich mit viel Phantasie vielleicht schon zu.

Herrenberg ist heute, bei rund 25 000 Einwohnern, der wirtschaftliche Mittelpunkt des Oberen Gäus. Nach dem Zweiten Weltkrieg siedelte sich Industrie unterschiedlicher Branchen an. Aber der bäuerliche Ursprung kommt noch heute zum Ausdruck, ist doch Herrenberg der in Baden-Württemberg bedeutendste Umschlagplatz für Fleckvieh.

Für Radler ist Herrenberg gut erschlossen, kleine grüne Schilder helfen weiter. Zur S-Bahn, also zum Bahnhof ist ein „Schleichweg" nötig: Am unteren Ende der Altstadt zieht sich die Spitalgasse als Radroute um ihren Kern. Von dieser rechts ab in die Schulstraße, über die Hindenburgstraße (B 28) weg, vorbei am Parkhaus, dann rechts einen Weg (Richthofenstraße), wieder rechts die Bismarckstraße zur Horber Straße (B 14). Diese am besten mit Hilfe der Ampel überqueren, links und gleich wieder schräg rechts, und wir sind am **Bahnhof**.

Tour 14

Kurz über den Schönbuch ins junge, alte Tübingen

Böblingen oder Ehningen – Schaichhof – Bebenhausen – Tübingen

Angesichts von nur 32 km könnten starke Radler allenfalls an eine „Spritztour" denken. An höchstens eineinhalb Stunden, mit Einkehr vielleicht zwei. Gegen flottes Fahren auf leichter Strecke, allerdings viele Kieswege darunter, ist ja auch nichts einzuwenden. Nur, es will durch den herrlichen Schönbuch, den ältesten baden-württembergischen Naturpark, wohl kaum jemand „rasen". Zu zahlreich sind die schönen Plätze, die vielleicht vor allem Familien mit Kindern ansprechen. Und Kulturbeflissene haben mit Bebenhausen und Tübingen zwei Orte, in denen man leicht einmal die Zeit vergessen könnte.

Start: Bahnhof Böblingen oder S-Bahnhof Ehningen (S 1, 30-Minuten-Takt)

Ziel: Bahnhof Tübingen (etwa stündlich Eilzüge nach Stuttgart)

Streckenlänge: ab Böblingen und Ehningen jeweils 32 km

Schwierigkeitsgrad: von Böblingen oder Ehningen leicht, von Tübingen in Gegenrichtung leicht bis mittel, da eine längere Steigung im Schönbuch ansteht

Bemerkung: Abkürzung ist nicht möglich, da unterwegs kein öffentliches Verkehrsmittel mit Fahrradtransport fährt. Kombination mit der anderen Schönbuchtour (Nr. 13) bietet sich an, gleich ob mit Ziel Leinfelden oder Herrenberg. Dazu sind 2 bis 3 Stunden mehr zu rechnen. Besonders reizvoll ist der Schönbuch zur Zeit der Blätterfärbung. Oder nutzen Sie einen windigen Tag. Im Schutz des Waldes fährt man bequem.

Karten: Stuttgart und Umgebung, TK 1:50 000, Naturpark Schönbuch, TK 1:35 000 (LVA)

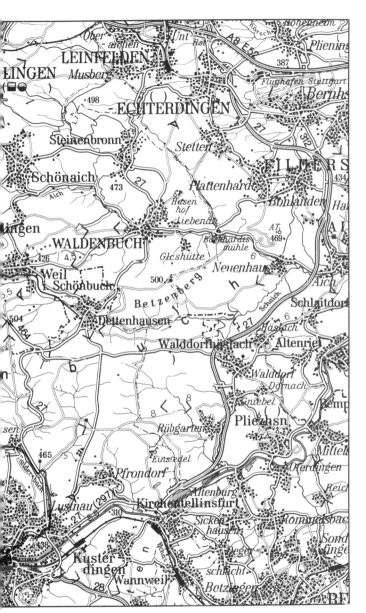

Für das erste Stück bieten wir zwei Alternativen an: eine eher städtische ab Böblingen und eine eher ländliche ab Ehningen.

Die Kreisstadt **Böblingen** ist der eine Ausgangspunkt. Zusammen mit der Nachbarstadt Sindelfingen – in der sogar einige Zebrastreifen aus Marmor gefertigt wurden – kann Böblingen zu den reichsten Städten Deutschlands gerechnet werden. Dies ist der Automobil- und Computerindustrie zu verdanken. Ganz sind die bäuerlichen Wurzeln aber nicht vergessen, lebten um die Mitte des 19. Jahrhunderts doch im ehemaligen Oberamt Böblingen mehr als die Hälfte der Menschen von der Land- und Forstwirtschaft. Im benachbarten Amt Herrenberg waren es sogar fast Dreiviertel. Angesichts der fruchtbaren Gäuflächen, an deren Rand zum Schönbuch Böblingen, Sindelfingen und Herrenberg liegen, verwundert das nicht. Es mag Zufall sein, daß der Truchseß von Waldburg mehr als drei Jahrhunderte früher, genau 1525, bei Böblingen die entscheidende Schlacht gegen die aufständischen Bauern schlug. Unbedingt hierher paßt jedoch das **Bauernkriegsmuseum** in der Zehntscheuer. Wir finden es auf dem Altstadthügel in der Pfarrgasse, außer der örtlichen und regionalen Geschichte werden wechselnde Sonderausstellungen aus dem Zusammenhang des Bauernkriegs und seiner Ursachen gezeigt. Öffnungszeiten des Museums sind: Di bis Do 10.00–12.00 und 14.00–17.00 Uhr (Di bis 19.00 Uhr), Fr 10.00–12.00 Uhr, Sa 14.00–17.00 Uhr, So und Fei 11.00–17.00 Uhr.

Wer es herzhaft liebt, geht vielleicht lieber ins **Deutsche Fleischermuseum** am Marktplatz, geöffnet zu denselben Zeiten.

Böblingen erlitt im 2. Weltkrieg starke Zerstörungen, dadurch gab es Platz, der zunächst dem Autoverkehr zugute kam. Allerdings sind Radfahrer auch nicht ganz auf sich allein gestellt. Am **Bahnhofsplatz** überqueren wir der Länge nach den Busbahnhof, biegen rechts in die Sindelfinger Allee und folgen ihr bis zum Elbenplatz. Ein wenig „mit der Kirche ums Dorf", aber so sparen wir zum Auftakt mehrere hundert Meter Schieben entgegen der Einbahnstraße vom Bahnhof weg. Am Elbenplatz geht es unter der Hauptstraße durch auf guten Schieberampen hinüber zur Poststraße. Links über die Straße kommen wir in die Altstadt zu den beschriebenen Museen.

Radeln wir gleich los, dann müssen wir uns rechts halten, so nah wie möglich an den beiden *Stadtseen,* vorbei an der *Kongreßhalle,* später ein Stück die Uferstraße benutzend. Nach dem Oberen See geht es weiter entlang einem kleinen Bach durch eine Grünanlage, Teil der *Landesgartenschau 1996.* Bei der *Sporthalle* erreichen wir die Schönbuchstraße, benutzen sie nach rechts, unterqueren die Schönbuchbahn – sie führt nach Dettenhausen und soll noch in diesem Jahrzehnt reaktiviert werden – und biegen bald in die Tiergartenstraße links ein. Bis zum Beginn der Gartenschau und vor allem während der Zeit, wenn Eintritt verlangt wird, werden wir den beschriebenen Weg bis zur Sporthalle etwas anders wählen müssen.

Die folgende Steigung und später, von der Straße rechts ab dem Anliegerweg mit dem Hinweis „Vereinsheim Baumgartenwand" folgend, noch zwei steilere Stiche machen klar, daß wir den Abhang des **Schönbuchs** erklimmen· entlang Baumstücken, Gärten und Wiesen, dann hinein in den Wald.

Sollten die Schilder „Radweg Holzgerlingen" fehlen, so helfen Wanderwegzeichen weiter: die Baumgartenwand bereits im Wald hoch dem blauen U folgend, dann über die Bahnlinie und parallel zu ihr – so erreichen wir schnell

Holzgerlingen, den Ort auf einer weitgehend waldfreien Ebene inmitten des Schönbuchs. „Ebene" stimmt nicht ganz, das östliche Holzgerlingen wird durch die Aich und ihre Nebenbäche zergliedert, nach Westen senken sich die Zuflüsse der Würm in die Äcker, Baumwiesen und stellenweise feuchten Wiesen.

Wir queren die Hauptstraße und fahren immer entlang der Bahntrasse ganz im Westen des Ortes bis zu dessen südlichem Rand. Dort die Bahn auf der Hauptstraße überqueren und gleich wieder links in den Tübinger Weg einbiegen. Der Wirtschaftsweg, später dann ein Fuß- und Radweg parallel zur B 464 leitet uns zum **Schaichhof**.

Hierher kommen wir auch bequem **von Ehningen** her: Bis Ehningen fährt die gleiche S-Bahn (S 1) wie nach Böblingen. Zusätzlich können wir die Würmtaltour (Nr. 1) von Pforzheim aus bis Ehningen fahren oder Teil zwei von Weil der Stadt aus (S-Bahn Linie 6); gleich weiter an einem schönen Tag, hilft diese Tour hier zu einer größeren Strecke, eben bis Tübingen.

Vom Bahnhof Ehningen – mit Aufzug und Rampe – über die Wilhelmstraße Richtung Ortsmitte, die Königsstraße links, sie führt in die *Maurener Straße* über; am Ortsrand ampelgeregelte Kreuzung mit der B 14 und weiter die Landstraße Richtung Holzgerlingen benutzen.

Das obere **Würmtal**, weit eingemuldet, zeigt einen verhaltenen Charme. Die kurvige, teils idyllisch unter Alleebäumen geführte Straße bringt uns bald in den Weiler **Mauren**. Wer weiß, wie lange das ehemalige Schlößchen hinterm rostigen Zaun und die kleine Kirche ihren Schlummer halten dürfen?

Auf der Landstraße geht es weiter, an der zweiten von zwei fast rechtwinkligen Biegungen aber geradeaus auf eine Anliegerstraße Richtung Wasserturm Altdorf. Eine mäßige Steigung hinauf, noch vor dem Wasserturm beinahe 180° nach rechts ab, und wir sind auf einem Wirtschaftsweg, der stets an der Hangkante oberhalb des Würmtals in weitem Bogen zunächst zur Altdorfer Mühle und dann hinein nach **Altdorf** führt. Immer geradeaus, durch den Seeweg bis zur Hauptstraße, diese nur für gut 100 m rechts, dann wieder links die Bachstraße und nach gut 300 m schräg links, gleich rechts vorbei an der Kirche mit schöner Außentreppe, leicht ansteigend Richtung Gewerbegebiet. – Die Schaichhofstraße führt rasch geradeaus aus dem Ort hinaus, erst durch Baumwiesen, dann vorbei an Gehöften, an einer Gabelung vor dem Wald links halten bis zum **Schaichhof**.

Am Schluß dieser Zufahrt queren wir bereits *Golfplatzgelände*. Es wurde hier vor ein paar Jahren ein Platz eingerichtet, der regen Zuspruch findet. Doch welchen Kontrast bildet diese „gepflegte" künstliche Landschaft gegenüber dem weitgehend sich selbst überlassenen Naturpark. Urteilen Sie selbst!

Einige Zeit sind wir bereits im **Schönbuch**, die Naturparkgrenze erreichen wir aber erst jetzt. Zu Alter, Größe und den zahlreichen Besuchern haben wir ja bereits bei der langen Schönbuchtour (Nr. 13) einiges geschrieben. Deren Route ist auch für ein kurzes Stück – von der Teufelsbrücke, wo Kleiner und Großer

Goldersbach zusammenfließen, bis Bebenhausen – die gleiche wie diese hier. Das ergibt zum einen die Möglichkeit, sich spontan für ein anderes Ziel als Tübingen zu entscheiden. Andererseits brauchen wir uns textlich nicht unnötig zu wiederholen.

Lassen Sie sich auf den wenigen Kilometern, die diese Nord-Süd- oder auch Süd-Nord-Durchquerung des großen, gut erschlossenen Forsts nur mißt, einfach ganz gefangen nehmen. Schöne Eindrücke gibt es genug, und jede Jahreszeit hat ihren Reiz, schneearme Winter sind für Radler sogar ausgezeichnet zu nutzen, wenn man sinnvoll gekleidet unterwegs ist.

Am Schaichhof also nicht auf die Bundesstraße 464, sondern die Gebäude links liegen lassen, das Golfplatzgelände und ein flaches Tal, das ganz junge der Schaich, durchmessen. Kurz vor dem Waldrand macht der Weg eine kräftige Biegung nach links, wir erreichen einen Wanderparkplatz, fahren weiter geradeaus auf einem Sträßchen und biegen nach gut 1 km, ehe die Bundesstraße erreicht wird, scharf rechts ab. Am Gatter – bitte wieder sorgfältig schließen, damit das Wild nicht entweichen kann – beginnt der fein gekieste, gute Weg hinab ins *Ochsenbachtal*.

Im Frühjahr dringt der intensive Duft ganzer „Teppiche" Bärlauch in die Nase, im Herbst verströmen abgefallene Blätter einen Hauch, der zu den kürzer werdenden Tagen gehört.

Am versteckt liegenden *Ochsenweiher* können wir rasten, Kiosk oder sonst eine Möglichkeit, etwas zu kaufen, gibt es aber nicht. Weiter abwärts auf zum Teil kurviger Strecke ist schnell das **Kleine Goldersbachtal** erreicht. Sehr schöne, mächtige Einzelbäume, sogar die *Königseiche*, säumen unseren Weg. *Teufelsbrücke* und *Oskar-Klumpp-Eiche* sind immer ein Verweilen wert.

Dann erreichen wir **Bebenhausen**, heute Tübinger Stadtteil. Den denkmalgeschützten Ort um das ehemalige Zisterzienserkloster können Sie jederzeit besuchen, das Kloster ist außer montags das ganze Jahr über von 10.00–12.00 Uhr und von 14.00–17.00 Uhr geöffnet. Das Jagdschloß der württembergischen Könige öffnet seine Tür nur zu Führungen. Di bis Fr 9.00, 10.00, 11.00, 14.00,

15.00, 16.00 Uhr, Sa, So und Fei 10.00, 11.00, 14.00, 15.00, 16.00 Uhr.

Es geht weiter entweder gleich vom südlichen Rand des Orts rechts über einen Verbindungsweg, der nach etwa 500 m zum Fuß- und Radweg parallel zur B 27 führt, oder wir benutzen diesen Weg ganz vom Gasthaus an, das an der Bundesstraße steht. Gut 1 km weiter queren wir die Straße vorsichtig, gelangen zu dem Parkplatz am unteren Ende des langen **Kirnbachtals**, fahren dieses wenige Meter leicht aufwärts, ehe rechts ab mit ein paar Stufen der Kirnbach auf einem schmalen Weg überquert wird.

Hier ist auch ein Pegel angebracht, der wie andere Einrichtungen der Hydrologen, Biologen, Ökologen und Forstwissenschaftler der Überwachung und Erforschung des riesigen Geflechts von Lebensräumen im Naturpark Schönbuch dient. Nur ein Stück weiter talabwärts ist (oder war?) seitens der Stadt Tübingen ein gigantischer Damm quer durch die Furche des Goldersbachs geplant: Über Sinn oder Unsinn solcher Art von Hochwasserschutz für einige Lustnauer Häuser, die nie so nah am Flüßchen hätten gebaut werden dürfen, wurde bereits Anfang 1992, als es in der Presse aufgegriffen wurde, heftig diskutiert. Tatsache ist, daß der Damm einen erheblichen Teil der Frischluftzufuhr für Lustnau und benachbarte Tübinger Stadtteile abschneiden würde und daß die B 27 in rutschgefährdete Hänge verlegt werden müßte. Vom Waldweg ganz zu schweigen, den wir jetzt direkt neben dem Bach benutzen.

Tübingen, die alte, stets junge Universitätsstadt, kann dank seiner Routen schon fast als Rädlerparadies bezeichnet werden. Uns fiel auf dem Weg von den ersten Häusern in Lustnau Richtung Stadtmitte nur eine Stelle auf, an der ein Schild mehr sinnvoll wäre: Wir kamen aus dem Goldersbachtal über die Kreuzung mit der Landstraße geradeaus, und nach etwa 200 m geht es schräg rechts weg in eine Sackgasse. Die führt ideal zu einer Fuß- und Radwegunterführung unter der B 27 durch. Die Wegweisung und -führung ist danach einwandfrei, erst links, dann rechts des Goldersbachs, ehe er in die *Ammer* mündet. Dort nach rechts und auf ruhigem Weg am Fuß des **Österbergs** zur Stadtmitte hin.

Dieser Berg zeigt uns seine von steilen Wiesen und etwas Wald bewachsene Nordseite. Ideal zum Spazieren, Drachen steigen lassen und im Winter Rodeln, trägt er mit zur Anziehungskraft Tübingens bei. Und sein Südhang bietet beste Wohngebiete.

Unsere Route mündet in die Schlachthaus- und diese später in die Brunnenstraße, die bis zur *Wilhelmstraße* führt. An dieser Hauptstraße ein kurzes Stück rechts, bis eine Radwegampel uns nach links hinüber und zum **Botanischen Garten** leitet. Im Park geht ein Radweg bis zur Unterführung am **Nonnentor** und zum gleichnamigen Zentrum. Damit sind wir mittendrin:

Hier am später abgezweigten Ammerkanal ist der Platz zu suchen, an dem das vermutliche Vorgängerdorf der Stadt im 6. Jahrhundert lag. Schauen wir dem regen Leben in der Metzgergasse, der Hafengasse oder den Gassen hinauf zum **Holzmarkt** zu, dem zentralen Platz neben der Stiftskirche. – Zunächst aber ein wenig Geschichte, verknüpft mit einem Rummel: Um 1050 haben die Pfalzgrafen von Tübingen – früher „Ivvingla" oder „Duwingen" genannt – die Burg am Ostabhang des Spitzbergs errichten lassen. Sie wurden mächtig, förderten die Anlage einer Siedlung auf dem Sattel zwischen Österberg im Osten und Spitzberg im Westen. Die seit 1342 neuen Herren, die Grafen von Württemberg, fanden schnell Gefallen an der reizvoll zwischen Ammer und Neckar gelegenen Stadt. Wie anders wäre es sonst zum Neubau der **Stiftskirche** unter Graf Eberhard im Barte gegen 1470 gekommen? Auf Resten aus dem frühen 13. Jahrhundert entstand ein prächtiges und reich ausgestattetes Bauwerk: mit einem erhaltenen spätgotischen Lettner, mit 14 Grabmälern württembergischer Grafen oder Herzöge und ihrer Gemahlinnen. Die Kirche hat aber auch einen hohen Turm, dessen Besteigung uns herrliche Blicke über die verwinkelte Stadt und die weite Umgebung eröffnet.

Gehen wir weiter, Richtung Burg, von den Württembergern nach und nach zum Schloß umgebaut. Auf dem Weg dahin kommen wir durch die Kirchgasse zum **Marktplatz** mit dem prächtigen Rathaus aus dem 15. Jahrhundert, das später erweitert und im 19. Jahrhundert so bemalt wurde, wie wir es heute sehen. Südlich durch eine enge Gasse weiter und dann nach rechts in die Burgsteige, hinauf zum Schloß **Hohentübingen** oder wenigstens bis zu seinem Eingangstor: Von hier überblickt man die ganze Altstadt mit dem Österberg dahinter.

Weitreichendes Ereignis für Tübingen war die Gründung der **Universität** im Jahr 1477. Der bereits erwähnte Graf Eberhard veranlaßte dies, Tübingen stieg zum geistigen Mittelpunkt Württembergs auf. Legende sind die bedeutenden Köpfe, die hier ausgebildet wurden, insbesondere am **Evangelisch-Theologischen Stift**. So paßt auch der Vierzeiler, den früher jedes Schulkind aufsagen konnte:

„Der Schiller und der Hegel,/ der Schelling und der Hauff,/ das ist bei uns die Regel,/ das fällt uns gar nicht auf."

Speziell für die Jahre unmittelbar nach der Französischen Revolution erlangte Friedrich Hölderlin unter seinen Studienkollegen am Stift, zu denen Hegel und Schelling gehörten, große Bedeutung. Hölderlins Leben nahm einen ganz anderen Verlauf, als nach den glänzenden Jahren als junger Dichter zu erwarten gewesen wäre. Von 1807 bis zu seinem Tod 1843 lebte er – ob nun in geistigem Dämmerzustand oder nicht, wird wohl noch manche Forscher beschäftigen – in dem ehemaligen Zwingerturm der Stadtbefestigung. Heute ist der gelb, wird **Hölderlinturm** genannt und ist mit einer Gedenkstätte versehen.

> Wir kommen vom Schloß Hohentübingen hinunter, halten uns aber vor Erreichen des Marktplatzes rechts, schlendern den *Klosterberg* steil abwärts. Dann stehen wir unterhalb des im 18. Jahrhundert umgebauten **Stiftsgebäudes**, gehen durch die Bursagasse weiter bis zur belebten *Neckargasse* und können von dort den Hölderlinturm erreichen. Weiter abwärts und rechts über die *Eberhardsbrücke* haben wir im Rückblick das berühmte, zauberhafte Bild der Altstadt vom Neckar aus vor uns.

Vielleicht sehen wir dann noch den **Stocherkähnen** zu, die ebenso zur Tübinger Romantik gehören. Einmal im Jahr findet in den ungewöhnlichen Wasserfahrzeugen sogar ein Rennen statt, nach dem stets viele baden müssen ...

> Die Brücke geht in die Karlstraße über, die mit Radwegen versehen ist. Sie fahren wir geradeaus, bis wir rechts den Bahnhof sehen und wenige Meter über den breiten Gehweg zu ihm hin schieben.

Tour 15

Keine Angst vor dem Schwarzwald!

Weil der Stadt – Monbachtal – Hirsau – Calw – Wildberg – Öschelbronn – Herrenberg

Dank der beiden S-Bahn-Linien 1 und 6 nach Herrenberg und Weil der Stadt sind Ziele im Nordschwarzwald nebst Hecken- und Schlehengäu als Tagesunternehmung ganz normal gewor- den. Vielleicht gilt das noch nicht für Familien mit sehr jungen Radel-Beginnern, aber sonst können sich alle, die unsere bisher vorgeschlagenen Touren von 50 bis 60 Kilometern teils hüge- liger Strecke gut geschafft haben, ohne weiteres an diese Route hier trauen, eventuell an 2 Tagen.

Vom Ausgangspunkt Weil der Stadt (siehe auch Würmtaltour, Nr. 1) haben wir eine Runde zusammengestellt, die viele land- schaftliche und wirtschaftliche Besonderheiten des Nord- schwarzwaldes berührt. Kur- und Kultur-Bäder gibt es dazu. Und gegen Schluß der Runde – kurz vor Herrenberg – können sich radsportlich stärker zu Begeisternde auf der Tribüne der Öschelbronner Radrennbahn davon überzeugen, wie schön und anstrengend Radfahren als Hochleistungssport ist.

Start: S-Bahnhof Weil der Stadt (S 6, 30-Minuten-Takt)

Ziel: Bahnhof Herrenberg (S 1, 30-Minuten-Takt, oder Eilzüge)

Streckenlänge: 80 km

Schwierigkeitsgrad: schwer mit einem sehr steilen Anstieg

Bemerkung: An heißen und sonnigen Tagen ist die Tour eher in entgegengesetzter Richtung zu empfehlen, um einen schat- tigen Anstieg aus dem Nagoldtal zu haben. „Abkürzungen" über die Nagoldbahn sind in Bad Liebenzell, Hirsau, Calw, Bad Teinach und Wildberg möglich. Die Tour eignet sich auch als 2-Tages-Tour mit einer Übernachtung im Nagoldtal.

Karten: Karlsruhe, Pforzheim, Blatt 1, Bad Wildbad, Freuden- stadt, Blatt 3, beide TK 1:50 000 (LVA)

Start in **Weil der Stadt** (S-Bahn) am Bahnhof, Richtung Stadt über die Poststraße, an der neugotischen evangelischen Kirche aus rotbraunem Buntsandstein – **dem** Gestein des Nordschwarzwalds – vorbei, über die B 295 weg zum alten Kern der Stadt: Katholische *Kirche St. Peter und Paul*, *Rathaus*, daneben das *Keplerhaus* und natürlich der *Marktplatz*. Für einen Blick reicht die Zeit sicher, und samstags ist Markt, ideal zum Proviantholen. Museumsbesuche verschiebt man am besten auf eine andere Gelegenheit (Würmtaltour). Weiter über die Herrenberger Straße und gleich nach rechts in die Calwer Gasse und durchs schöne *Calwer Tor (Judentor)* zur B 295. Diese befahren wir nach links nur ein kurzes Stück bis unter der Bahnbrücke durch, biegen dann links auf einen landwirtschaftlichen Weg ein und folgen der Radwegweisung nach **Simmozheim**. Im von Feuchtwiesen und sogar Riedgras bewachsenen Grund des Talackerbachs (LSG/NSG, Wasserfassung) leicht ansteigend immer links des Bachs halten. Nach einem geschotterten Abschnitt rechts und bald wieder links auf dem bachnahen, asphaltierten Weg auf Simmozheim zu. Um die B 295 zu überqueren, zweimal rechts, dann über die Straße und rechts von ihr vorbei an den Sportanlagen. Wieder nach rechts geht es hinein in den Ort. Wir queren die Ortsdurchfahrt, gelangen in die **Steigstraße** (der Name stimmt!), bis kurz vor dem Ortsende schräg links der Hirsauer Weg gemächlicher Höhe gewinnt. Den höchsten Punkt des Hundsrückens umgehen wir so und kommen über die Straßenkreuzung zum **Waldenserstein** von 1881.

Wir würdigen den guten Rundblick, vergessen aber nicht, an die in Frankreich im 17. Jahrhundert verfolgten Protestanten zu denken. Herzog Eberhard Ludwig holte 1699 etliche Waldenser ins Land, wo sie in Orten wie Simmozheim oder Dürrmenz (siehe Enztaltour) Plätze zugewiesen bekamen oder Dörfer wie das nahegelegene Neuhengstett – früher: Le Bourset – gründeten. Die Flüchtlinge genossen Sonderrechte, durften Bürgermeister, Pfarrer und Lehrer selbst wählen. Auf dem Gedenkstein sind die Namen der Familien vermerkt. Damals bestand hier auch ein Garten, gestiftet vom Generalconsul Georgii-Georgenau, der nahebei das Gut Georgenau bewohnte.

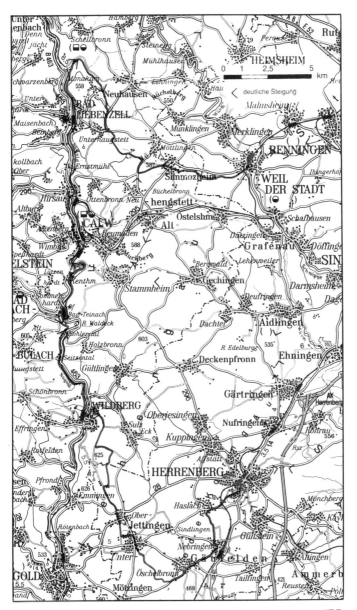

Zurück an der Straßenkreuzung fahren wir links Richtung Möttlingen, nach etwa 700 m erneut links auf einen Wirtschaftsweg, später Härdtlesweg benannten Waldweg. Die Georgenau bleibt rechts liegen, im Wald folgen wir den Wanderschildern nach Unterhaugstett. Ein kurzes Stück Landstraße nach links führt uns dann auf **Unterhaugstett** zu. Wir biegen aber bald die L 573 rechts ab und begutachten im Vorbeiradeln, inwieweit die Golfplatzbauer die Landschaft hier umgestaltet haben. Das bekannte und auch zum Wandern sehr einladende **Monbachtal** erreichen wir zunächst auf der Straße nach Monakam, von der L 573 ab, dann schräg rechts auf breitem Weg (Zeichen gelbblaue Raute des Schwarzwaldvereins).

Nach wenig auffälligem Oberlauf im Muschelkalk erreicht der Monbach an der Einmündung des Haugstetter Bachs die harten Sandstein- und Konglomeratschichten des Buntsandsteins. Als nacheiszeitliche Schlucht – etwa 10 000 bis 12 000 Jahre jung – ist das Monbachtal (NSG) noch längst nicht fertig: immer wieder Felsstürze, Bachlaufverlagerungen, Zerstörungen der schönen Weganlage im Grund. Wir können einen Abstecher zu Fuß machen, um nach dem „wilden" Eindruck zu beschließen, einmal alles zu Fuß zu erkunden.

Auf dem Hahlenweg an der linken Talflanke bekommen wir bequem radelnd wenigstens das Bachrauschen mit. Unten vor der Bahn rechts, und wir sind am *Freizeit- und Bibelheim der Liebenzeller Mission*. Das alkohol- und nikotinfreie Café hat nachmittags geöffnet, außer montags. Unweit des Missionshauses liegt ein Feriendorf mit Jugendheim.

Wir sind jetzt auf dem gut beschilderten **Nagoldtal**-Radweg Pforzheim – Calw, die Informationstafel an der Bahnunterführung am unteren Ende des Monbachtals zeigt alles Wichtige für die nächsten rund 12 km. Wir halten uns stets in Richtung Süden, meist nah der Bahn, auf ganz ruhigen Wegen oder untergeordneten Straßen.

Schnell ist **Bad Liebenzell** erreicht, das dank seiner Kochsalz-Therme von 28° C seit dem 14. Jahrhundert als Heilbad sehr beliebt ist. Wie die anderen Bäder des Nordschwarzwalds standen das Liebenzeller Untere Bad von 1403 und das Obere Bad von 1415 zunächst den Fürsten des Landes zur Verfügung.

Heute ist das Bad jedem zugänglich, und das Angebot reicht von Anwendungen gegen Rheuma, Herzerkrankungen und Erschöpfung über die Abfüllung des Wassers in Flaschen bis zu sportlicher Betätigung aller Art.

Die hervorragende Erschließung des Schwarzwalds nützt auch Radlern, so bekommen wir im Badwald Richtung Hirsau entlang einem *Waldlehrpfad* gleich einiges über Waldwirtschaft, Besitzverhältnisse, Holzpreise und anderes mitgeteilt.

In **Hirsau** geht es über die Nagoldbrücke zum *Kloster*, vielmehr zu den beeindruckenden Ruinen der großen Anlage. Was wir uns mit einem kleinen Spaziergang, ergänzt durch einen Museumsbesuch (Di bis Sa 14.00–17.00 Uhr, So 14.00–18.00 Uhr) erschließen können, ist bereits die dritte Klosteranlage in Hirsau gewesen. Zwei Vorläuferbauten verfielen oder waren zu oft dem Hochwasser der Nagold ausgesetzt. So wurde 1082 unter Abt Wilhelm mit dem Bau des Klosters St. Peter und Paul begonnen, bis 1091 die dann und für lange Zeit größte Kirche Württembergs geweiht werden konnte. Für die Erneuerung des klösterlichen Lebens in ganz Deutschland hatte Hirsau schon große Bedeutung erlangt. War es doch so etwas wie die rechtsrheinische »Niederlassung« des Klosters Cluny in Burgund. Von dort war nach dem Jahr 1000 eine starke Reformbewegung des Benediktinerordens ausgegangen. Hirsauer Mönche gründeten zahlreiche andere Klöster, auch der Baustil fand Nachahmung. Die Blütezeit von Hirsau lag im 12. Jahrhundert, 1535 wurde es reformiert, 1556 Sitz einer evangelischen Klosterschule. Einem 18jährigen Intermezzo als Kloster bis zum Ende des Dreißigjährigen Kriegs folgte bald, im berüchtigten Jahr 1692, die Zerstörung durch Truppen unter General Mélac. Es ist aber erwiesen, daß die größeren Zerstörungen viel später erfolgten, als im 19. Jahrhundert Nachbarn Baumaterial aus den Ruinen holten.

Wenn wir uns der starken Wirkung von Eulenturm, Kreuzgangresten und der ebenfalls zur Ruine gewordenen Ulme, die *Ludwig Uhland* besungen hatte, entzogen haben, geht es wieder hinunter bis kurz vor die Nagold. Dort rechts und über die *Uhlandstraße* bis nach **Calw.** Zwanglos, ohne Abzweigung, geraten wir in die Stadt, halten uns rechts und erreichen über die Biergasse den von etlichen Fachwerkhäusern gesäumten *Marktplatz*.

Schauen wir einmal fast tausend Jahre zurück. Starkes Bevölkerungswachstum im fruchtbaren Gäu zwang viele, von dort loszuziehen und sich im benachbarten, noch unwirtlichen Schwarzwald niederzulassen. So auch an der Nagold, wo Mitte des 11. Jahrhunderts der Bau einer Burg betrieben wurde. „Chalwes" nannte man damals Plätze, die meist kahl geschlagen wurden. Auf einem solchen ließen Herren, die ihren Stammsitz in Sindelfingen und Kleiningersheim (siehe Tour 6) hatten sowie viel Wald an der Nagold besaßen, die Burg nebst Weiler gedeihen. Beides genügte den Ansprüchen von Handel und Handwerk bald nicht mehr. So entschloß sich Graf Gottfried von Calw gegen 1250, in der Nähe eine Stadt bauen zu lassen, in der Märkte abgehalten werden konnten. – Übrigens ist auch Vaihingen an der Enz (Tour 2) eine Gründung derer von Calw. – Die Stadt bekam Mauern mit Türmen und Toren, eine große Kirche. Historischer Schwerpunkt ist bis heute der Hang links vom Fluß, mit dem Marktplatz als Kern. Die Verbindung zum Teil rechts der Nagold stellte die Brücke mit der Nikolauskapelle her.

Nachdem mit Graf Gottfried 1260 der letzte männliche Vertreter der Grafen von Calw gestorben war, erwarb 1308 und 1345 das Haus Württemberg Calw in zwei Hälften. Zum Teil verheerende Brände und Kriegsereignisse 1634, 1677 und 1692 – siehe zum letzten Datum auch bei Hirsau – warfen die Stadt zurück. Trotzdem konnte sich das Wirtschaftsleben wieder erholen. Früher war dafür die Calwer Zeughandels-Compagnie ein Begriff, bis heute sind es die „Calwer Decken".

Dann wuchs von 1877, seinem Geburtsjahr, bis 1895 mit schulisch bedingten Unterbrechungen **Hermann Hesse** in Calw auf. Als einer der meistgelesenen deutschsprachigen Schriftsteller des 20. Jahrhunderts – rund 30 Millionen Auflage – und Nobelpreisträger verarbeitete er in mehreren Werken die Enge der Landschaft und sicher auch zum Teil im Denken der Menschen, die er empfand. Seine Jahre im Internat von Maulbronn finden Ausdruck in „Unterm Rad" – diese Zeit muß ihn schon belastet haben. Dennoch hing Hesse alles in allem an Calw, das er einmal – trotz der vielen Jahre im Tessin – als „die schönste Stadt von allen aber, die ich kenne" bezeichnete. Mehr als solche Zitate, auch Brillen, sein Rucksack, viele Bilder finden sich im Hermann-Hesse-Museum am Marktplatz 30, offen Di bis Sa und Fei 14.00–17.00, So 11.00–17.00 Uhr.

Am unteren Ende des *Marktplatzes* geht es zur Marktstraße (Fußgängerzone), dann zum *Hermann-Hesse-
Platz*, ein paar Schritte Abstecher links zur alten Brücke
mit der Nikolauskapelle (Hesses Lieblingsplatz), wieder
zurück und die Badstraße und den Walkmühleweg hinaus
aus der Stadt.

Von Calw an gibt es keine Radwegweisung mehr. An der
Walkmühle vorbei halten wir uns in Fahrtrichtung gesehen
rechts der Nagold, unterqueren die Bahn und benutzen
dann für etwa 700 m die B 463. – Ist der Verkehr gering
auf dieser breiten Straße, dann können wir sie bis *Wildberg* benutzen und so flott dorthin gelangen. Schöner,
zeitaufwendiger und anstrengender ist die andere Route:

Noch bevor „Baumwollspinnerei Calw" angekündigt
wird, über die Straße und zu einem kleinen Steg über die
Nagold. Danach rechts, einen Waldweg, der länger ansteigt, an einer Gabelung rechts, wieder abwärts, das
untere Ende der Rehgrundklinge passieren und automatisch auf die kleine Straße, die von Stammheim zum
Bahnhof Bad Teinach führt. An diesem fahren wir zweimal vorbei, zunächst an der Rückseite, dann über die
Bahn rechts und an der Vorderseite entlang. Links über
die Nagold, wieder links am Sägewerk vorbei und beim
Elektrizitätswerk der EVS. Dann aber nicht dem Wanderweg folgen, er ist später nicht zu befahren, sondern nach
wenigen Metern schräg rechts den Hang hinauf (schwarz-
gelbe Ellipse als Wanderwegzeichen). Wir schneiden so
einen Sporn ab, auf dem vorne, in strategisch günstiger
Lage, die ehemals mächtige **Burg Waldeck** liegt.

Am Sattel bei der eigenartigen Felskombination – *Geiger-
les Lotterbett* genannt – können wir die Räder abstellen,
die wir eventuell auf dem steilen Weg schieben mußten,
unser Vesper auspacken und zu Fuß einen Abstecher zur
wildromantischen Ruine Waldeck (Grillstelle) machen
(etwa 8 Minuten für eine Richtung, blau-gelbe Raute).

Wie fast alle Burgen des 12. und 13. Jahrhunderts wurde auch
Burg Waldeck auf einen schwer zugänglichen Bergsporn ge-
baut. Bis zum Aufkommen der Feuerwaffen boten Lage und
Befestigungen der schwächsten Seite genügend Schutz. Die

Herren von Waldeck, der heute größten Ruine im Kreis, waren Raubritter, die sich mit Vorliebe über die Calwer Kaufleute hermachten, wenn diese im Nagoldtal unterhalb der Burg vorbeizogen. – Kaiser Rudolf von Habsburg und sein Schwager Albert II. von Hohenberg brauchten immerhin zwei Monate Belagerungszeit, ehe sie Waldeck am 11. 11. 1284 erstürmen und verbrennen konnten.

Den Waldweg geht es wieder bergab über Kohlerstal zur **Talmühle** und bei trockenem Wetter weiter in Fahrtrichtung rechts der Nagold. Hat es zuvor länger geregnet, benutzen wir besser von der Talmühle bis Wildberg die B 463. Sonst aber lohnt es, ganz nah am Fluß zu bleiben: feuchte Wiesen, ein Stück Auwald, später wieder ein geteerter Weg, der uns bis kurz vor Wildberg leitet.

In **Wildberg** einmal unter der Bahn durch und rechts von ihr bis hinter dem Bahnhof vorbei, dort über die Gleise und hoch zur Stadt.

In ähnlicher Lage auf einem Bergsporn über der Nagold wie Waldeck thront das Städtchen mit seinem ehemaligen *Schloß*: 1618 ist die frühere Burg abgebrannt, 1688 bis 1692 wurde sie als Schloß wiederaufgebaut. Es erlebte unterschiedlichste Funktionen, war zuletzt im Zweiten Weltkrieg Kriegsgefangenenlager. Am 22. Februar 1945 zerstörten es Bomben, einen Tag vor dem schweren Angriff auf Pforzheim.

Im ganzen Land bekannt ist der *Wildberger Schäferlauf*. Während in Markgröningen als dem Hauptort der ehemaligen württembergischen Schäferzunft jeden August das große Volksfest stattfindet, wechseln sich Bad Urach und Wildberg stets ab: In geraden Jahren küren die Schäfer des nördlichen und mittleren Schwarzwalds auf der Festwiese an der Nagold beim Lauf über das Stoppelfeld schnellste Schäferin und Schäfer.

Runter zur Nagold (Richtung Bahnhof), rechts auf die Bundesstraße, über die mittelalterliche *Hirschbrücke* auf die in Fließrichtung rechte Seite des Flusses – und dann geht es los: Sulzer Straße 17 %, das ist ernst zu nehmen, für knapp 2 km steigt es mächtig an, rechts ab die Wächtersbergstraße am Rand der Siedlung hoch, Wächtersbergstraße 46–52 folgen und geradeaus auf einem geteerten Wirtschaftsweg weiter.

Magere Wiesen, Hagebuttensträucher, Kiefern, Weißdorn – wir sind mit einem Schlag im *Hecken- und Schlehengäu.* Der Gäurandweg des Schwarzwaldvereins (Zeichen grüne Raute mit roter Hagebutte) weist darauf hin, ebenso der Bewuchs mit Hecken zwischen weit geschwungenen Feldern, später dann Lesestein-Sammelplätze, langgestreckte Trockentäler und Mulden, einmal eine Doline mit Schluckloch/Ponor (Naturdenkmal).

Vom Erreichen der Höhe auf dem „Sulzer Eck" – 200 m höher als das Nagoldtal bei Wildberg – sind es etwa 1,5 km entlang der Kante. Immer wieder gibt es beste Blicke ins und übers Nagoldtal auf die hohen Berge des Nordschwarzwalds. Die *Hornisgrinde* mit Sendemast und der *Schliffkopf* ragen besonders heraus. An der Wegegabelung links, weg von der Hangkante, erst Wanderweg, dann breite Teerstraße. Knapp 1,5 km geradeaus, nach Unterqueren einer Hochspannungsleitung rechts ab, nicht zum Wanderparkplatz, sondern da geradeaus durch einen kleinen Wald, einen kräftigen, kurzen Buckel hoch. In der nächsten Mulde rechts, gleich wieder links, und schon wartet der nächste Hügel. Richtig „getestet" werden wir zum Schluß noch, denn Richtung **Höhenhöfe** folgt noch ein Buckel, der sich auf dem guten Wirtschaftsweg aber mit etwas „Dampf" schwungvoll nehmen läßt.

Rechts durch die Höhenhöfe, dann wieder links leicht wellig nach **Oberjettingen.** Dies queren wir südwärts über die Wildberger Straße, Leintelstraße und Billingstraße, bevor wir über eine weitere Mulde vorbei am Waldrand zu Sportanlagen gelangen. Hier biegen wir links ab in die Bongartstraße, queren die Ortsdurchfahrt (Oberjettinger Straße) und biegen dann in die Brühlstraße rechts ab. Immer geradeaus verlassen wir den Doppelort Ober- und **Unterjettingen,** die beide viele aussichtsreiche Lagen bieten mit Blicken Richtung Schwäbische Alb – ganz ohne Aussichtsturm. Ehemals rein landwirtschaftlich geprägte Orte, haben sie sich zu Pendlerorten für im Raum Böblingen/Sindelfingen Beschäftigte gewandelt.

Nach dem Ortsende geht es an einer Wegegabelung links und vor dem Wald rechts in ein Talsystem, in dem nur sporadisch Wasser fließt. Wir halten uns immer talwärts, abwechselnd links, rechts und wieder links durch den idyllischen Wald bis zur Landstraße Mötzingen – Öschelbronn. Dort biegen wir nach links ab und erreichen bald die **Radrennbahn** von **Öschelbronn**.

Wir haben es ja spätestens auf den letzten 10 km gespürt, daß Radfahren auch anstrengend sein kann. So wissen wir jetzt vielleicht noch mehr zu schätzen, welche Leistung Bahnradfahrer oder Rennfahrer allgemein erbringen, wenn sie mit Durchschnittsgeschwindigkeiten von weit über 40 km/h stundenlang trainieren, in Rennen nicht selten 200 km in unter 5 Stunden zurücklegen und auf der Bahn 1 km mit stehendem Start in 1 Minute und wenigen Sekunden „powern" bei Spitzengeschwindigkeiten von bis zu 70 km/h. Rennbetrieb auf der Sommerradrennbahn von Öschelbronn, die vor vielen Jahren in Stuttgart stand, ist im Sommer immer an Samstagen gegen Abend.

Nach unserem motivierenden Abstecher an die Radrennbahn fahren wir zurück zur Landstraße, dort links, queren Öschelbronn und biegen am Ortsende links nach **Nebringen** ab. Im Ort verlassen wir die Hauptstraße nach links, auf die Lange Straße, an deren Ende nochmals links, vorbei an der Kirche und rechts in den **Haslacher Weg**. Hier genießen wir den herrlichen Panoramablick auf den Schönbuch, an dessen westlichstem Ausläufer Herrenberg, unser Tourenziel, idyllisch am Fuße des Schloßbergs gelegen ist. In **Haslach** biegen wir am Ortsanfang sowie später in die Hauptstraße rechts ab. Diese zum Ort hinaus, auf einen linksseitigen Weg wechseln, bald nach schräg links ab auf eine kleine Straße, steil abwärts, unter der Bahn durch und in einem weiten Tal auf Herrenberg zu. Dabei passieren wir auch zwei wundersame Erddämme. Es handelt sich um die Trasse der ehemaligen Bahnlinie Herrenberg – Tübingen, deren Wiederinbetriebnahme wohl 1998 ansteht. Den Bahnhof in **Herrenberg** erreichen wir schließlich nach rechts in die Adlerstraße, wieder rechts in die Raistinger Straße, links in die Walther-Knoll-Straße und nach links über die Eisenbahnstraße.

Register

Nummer der Tour fett,
Bildseite kursiv

AOK-RAD-TREFF

Radfahren macht nicht nur Spaß und hält fit, sondern sorgt auch in optimaler Weise für Entspannung und körperlichen Ausgleich. Es trainiert das Herz-Kreislauf-System, kurbelt den Stoffwechsel an und erhöht die Lungenkapazität. Wer radfährt, tut also auch etwas für seine Gesundheit.

In ganz Baden-Württemberg gibt es deshalb **Rad-Treffs**, bei denen sich alle treffen können, die gerne regelmäßig radfahren.

Schauen Sie doch einfach mal vorbei.

Infos gibt's beim örtlichen Radsportverein oder bei Ihrer AOK.

Für Ihre Gesundheit machen wir uns stark.

Die Gesundheitskasse.

© HOHNHAUSEN